토픽으로 잡는

똑똑한 초등 독해 4권

웅진주니어

**토픽으로 잡는 똑똑한 초등 독해**

독해력은 새로운 정보와 지식을 받아들이는 도구로서 학습 능력을 좌우하는 중요한 능력이에요. 단순히 글자를 읽는 것이 아니라 글에 담긴 글쓴이의 의도를 파악하고, 글을 통해 알게 된 내용을 생활에 활용하는 능력까지 포함해요. 독해력의 바탕은 세 가지예요. 첫째, 어휘력이에요. 어휘는 글의 기본 요소로, 어휘의 뜻을 모르면 글의 내용을 알 수 없어요. 따라서 어휘를 많이 알수록 독해력이 좋아져요. 둘째, 배경지식이에요. 배경지식이 풍부하면 글에 숨겨진 의도와 생각을 짐작할 수 있어, 글을 더 재미있고 효과적으로 읽을 수 있어요. 셋째, 글의 종류에 적합한 읽기 방법이에요. 글의 갈래에 따라 주제를 찾는 방법도 다르기 때문에 갈래마다 알맞은 읽기 방법을 알아야 해요. 「토픽으로 잡는 똑똑한 초등 독해」는 어휘, 배경지식, 갈래에 따른 읽기 방법을 익힐 수 있도록 구성했어요.

# 이 책의 특징

## 1 읽고, 이해하고, 알아 가는 즐거움이 있는 새로운 독해 프로그램!

낱낱의 주제를 가진 지문을 읽고 문제를 푸는 방식에서 벗어나 하나의 토픽을 중심으로 다양한 영역의 지문을 담았습니다. 토픽을 다양한 관점에서 살펴보고, 탐색하는 과정에서 읽고, 이해하고, 알아 가는 즐거움을 느낄 수 있어요.

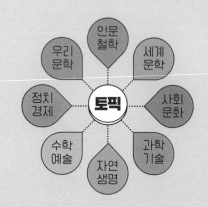

## 2 호기심을 자극하는 토픽으로 교과를 넘어 교양까지!

국어, 수학, 사회, 과학 등의 교과와 추천 도서에서 뽑은 인문, 철학, 사회, 문화, 자연, 과학, 수학, 예술 등 여러 영역을 아우르는 토픽을 통해 교과 지식은 물론 폭넓은 교양을 쌓을 수 있어요.

## 함께 공부할 친구들

**하트**
자연을 사랑하고
마음이 따뜻한 다정이

**뉴뉴**
신기하고 새로운 것을
좋아하는 호기심쟁이

**스타**
세상에서 음악과 친구가
제일 좋은 열정쟁이

**부키**
항상 책을 끼고 다니며,
정보를 모으는 수집가

**드림**
세상의 모든 아름다움을
마음에 담고 싶은 예술쟁이

---

### 꼬리에 꼬리를 물고 이어지는 글을 읽으며
### 독해력, 사고력, 표현력을 한 번에!

꼬리 물기 질문을 통해 독해 포인트를 알고 효과적으로 글을
읽을 수 있어요. 또 토픽에 대한 생각을 글로 표현하며 독해
력과 사고력, 표현력을 키울 수 있어요.

### 글의 종류에 알맞은 핵심 질문을 통해
### 어떤 글도 자신 있게!

신화, 고전, 명작 등의 문학 글과 설명문, 논설문, 편지, 일기 등
의 비문학 글까지 다양한 형식의 글을 접하고 읽는 즐거움을
경험해요. 여러 형식의 문제를 풀며 어떤 글이든 읽어 내는 자
신감을 키워요.

### 독해력의 기초인 어휘력을 탄탄하게!

한자어, 합성어, 파생어, 유의어, 반의어, 상·하의어처럼 어휘
관계를 통해 어휘를 익히고, 관용 표현, 맞춤법도 배워요.

# 이렇게 공부해요!

## 1단계 흥미로운 토픽으로 생각의 문을 열다!

토픽에 관련한 다양한 질문을 읽으며 배경지식을 활성화하고, 학습 계획을 세워요!

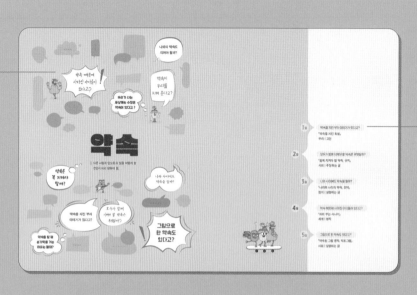

질문을 읽으며 토픽에 대해 알고 있는 것을 떠올려 봐! 아는 것을 많이 떠올릴수록 글을 더 잘 읽을 수 있어!

날마다 읽게 될 글의 갈래와 제목을 살펴보며 공부 계획을 세워 봐!

## 2단계 질문에 대한 답을 찾으며 생각을 키우다!

읽기 목표에 따라 글을 읽고, 질문을 통해 갈래에 알맞은 읽기 방법을 배워요!

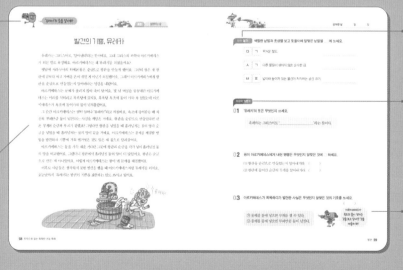

글에서 꼭 살펴야 할 내용이 무엇인지 먼저 보고, 읽기의 목표를 세워 봐!

뜻풀이를 보며 어휘를 맞혀 봐! 초성을 보면 쉽게 답을 찾을 수 있어!

글의 갈래에 따라 꼭 알아야 할 것을 묻는 문제야. 질문에 대한 답을 찾으며 독해력을 키워 봐!

곳곳에 도움을 주는 친구가 있어! 친구가 하는 말을 읽으면 문제가 술술 풀릴 거야!

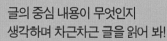

글의 중심 내용이 무엇인지 생각하며 차근차근 글을 읽어 봐!

# 3단계 다양한 어휘 활동과 토픽 한 줄 정리로 생각을 넓히다!

독해력의 기초인 어휘력을 탄탄히 다지고, 내 생각을 글로 표현해요!

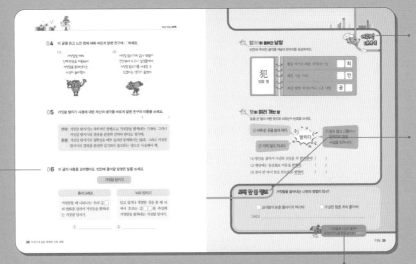

어휘력을 키우는 다양한 활동이 있어. 힌트를 보며 문제를 풀고, 어휘와 뜻을 큰 소리로 읽어 봐!

토픽에 관한 네 생각을 써 봐! 날마다 생각을 쓰는 연습을 하면 표현력도 쑥쑥 자랄 거야!

마지막 문제는 글의 내용을 정리하는 요약하기야. 빈칸을 채워 글을 완성하고, 큰 소리로 읽어 봐! 글의 내용을 기억하는 데 도움이 될 거야!

다음에 이어질 글의 내용을 짐작해 봐! 그리고 내가 짐작한 내용과 실제 글의 내용을 비교해 봐!

# 4단계 스스로 학습을 점검하며 생각을 다지다!

내가 알고 있는 것과 모르는 것을 구분하는 메타 인지를 훈련해요!

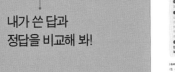

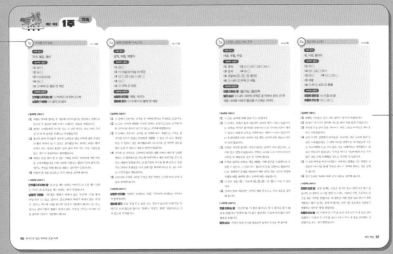

내가 쓴 답과 정답을 비교해 봐!

문제에 대한 자세한 풀이가 있어. 내가 제대로 풀지 못한 문제는 무엇이고, 답이 왜 틀렸는지 생각해 봐!

| 차례 |

**3주**

**게으름**

**4주**

**스포츠**

상상력은 어떻게 키울 수 있을까!

사람들은 왜 상상을 할까?

상상력이 풍부하면 좋은 점이 뭘까?

# 상상

실제로 일어나지 않은 일이나 세상에 없는 것을 머릿속으로 그리는 일.

상상은 현실이 될 수 있을까?

상상과 현실은 어떻게 구분할까?

재미있는 상상이 가득한 이야기는 뭘까?

사람들은 무엇을 상상할까?

상상은 현실을 어떻게 바꿀까?

# 이상한 나라의 앨리스

앨리스는 탁자 위에 있는 황금 열쇠로 조그마한 문을 열었어요. 문밖에는 너무나 아름다운 정원이 있었어요. 앨리스는 정원에 가고 싶었지만 문이 너무 작아 머리조차 들어가지 않았어요. 앨리스는 문을 닫으며 투덜댔어요.

"내 몸을 착착 접어서 작게 만들면 좋겠다."

가 그 순간, 탁자 위에 방금 전까지 없던 작은 병 하나가 보였어요. 병에는 '날 마셔요.' 라고 적힌 종이가 달려 있었어요. 병에 든 음료수를 마시자, 앨리스의 몸은 점점 작아졌어요. 탁자가 까마득하게 보일 만큼 작아지자, 앨리스는 문을 향해 달려갔어요. 하지만 곧 황금 열쇠를 탁자 위에 두었다는 걸 깨닫고 ㉠실망했어요.

나 그런데 탁자 밑에 작은 상자가 보였어요. 상자 안에 든 케이크에는 '날 먹어요.'라는 글씨가 쓰여 있었어요. 앨리스는 케이크를 한 입 베어 먹었어요. 그랬더니 이번에는 몸이 점점 자라 천장에 머리가 닿을 만큼 커졌어요.

"이를 어째? 이렇게 큰 몸으로는 집에 돌아갈 수 없을 텐데."

앨리스는 겁이 나서 엉엉 울기 시작했어요. 앨리스가 흘린 눈물이 바닥에 떨어지더니 점점 고여 커다란 웅덩이가 되었어요.

다 그때, 앨리스는 바닥에 떨어져 있는 부채를 발견하고 얼른 집어 들었어요. 그러자 몸이 점점 작아졌어요. 몸이 문을 통과할 수 있을 정도로 작아지자, 앨리스는 부채를 던지고 문을 향해 달렸어요.

"이제, 정원으로 갈 수 있겠다!"

하지만 그만 발을 헛디뎌 웅덩이에 빠졌어요. 앨리스가 집만큼 커졌을 때 흘린 눈물 웅덩이였어요. 앨리스는 웅덩이에서 헤엄을 치며 말했어요.

"내 눈물에 빠지다니. 여긴 정말 이상한 것투성이야!"

**어휘 알기**  색칠한 낱말과 초성을 보고 뜻풀이에 알맞은 낱말을 ___에 쓰세요.

| ㅌ | ㄱ |  어떤 곳이나 때를 거쳐서 지나감.

_____

| ㅎ | ㄷ | ㄷ | ㄷ |  발을 잘못 디디다.

_____

| ㄲ | ㅁ | ㄷ | ㅎ | ㄷ |  거리가 아주 멀거나 길어서 아득하다.

_____

**독해력 기르기**

**01**  이야기의 주인공은 누구인지 빈칸에 이름을 쓰세요.

| | | |

**02**  앨리스가 ㉠처럼 느낀 까닭은 무엇인가요? (        )

① 몸이 다시 커지지 않아서

② 몸이 기대한 만큼 작아지지 않아서

③ 병에 들어 있는 음료수가 맛이 없어서

④ 몸이 작아져서 집으로 돌아갈 수 없어서

⑤ 몸이 작아져서 탁자 위의 열쇠를 집을 수 없어서

**03**  앨리스에게 일어난 일과 관계있는 음식이나 물건을 찾아 선으로 이으세요.

(1)  몸이 점점 작아졌다.  •                              • (가) 음료수

                                                      • (나) 케이크

(2)  몸이 점점 커졌다.  •                                • (다) 부채

**04** 가~다 문단 중 다음 그림에 해당하는 것에 ○ 하세요.

장면을 떠올리며
이야기를 읽으면 더 자세히
읽게 되고, 내용도 오래
기억할 수 있어.

(1) 가 문단　　　(2) 나 문단　　　(3) 다 문단

**05** 이 글을 읽고 자신의 생각을 바르게 말한 친구에 ○ 하세요.

(1) 몸이 커졌다 작아졌다
하다니 앨리스가 있는 곳은 정말
이상한 나라야. 앞으로 앨리스가 어떤
모험을 할지 너무 궁금해.

(2) 앨리스는 몸이
커졌다 작아졌다 하는 이상한
병에 걸린 게 분명해. 얼른 병원에
가서 치료를 받아야 해.

**06** 이 글의 내용을 요약했어요. 빈칸에 들어갈 알맞은 말을 쓰세요.

①◻◻◻는 문이 너무 작아 정원으로 나가지 못했다. 이상한 음료수를 마시고 몸이 작아졌지만, 탁자 위의 열쇠를 집을 수 없어서 정원으로 가지 못했다. 그런데 탁자 밑에서 ②◻◻◻를 발견해 한 입 먹자 몸이 집만큼 커졌다. 앨리스는 겁이 나서 울다가 바닥에 놓인 부채를 발견했다. 부채를 집었더니 몸이 다시 ③◻◻◻◻. 앨리스는 문을 향해 뛰다가 발을 헛디뎌 눈물 웅덩이에 빠졌다. 앨리스는 웅덩이를 헤엄치며 이상한 것투성이라고 혼잣말했다.

①＿＿＿＿＿　　②＿＿＿＿＿　　③＿＿＿＿＿

**12** 토픽으로 잡는 똑똑한 초등 독해

## 이름을 나타내는 말

글자를 모아 뜻풀이에 해당하는 말을 쓰세요.

| 천 | 덩 | 원 | 웅 | 이 | 장 | 정 |

□□
집 안에 있는
뜰이나 꽃밭.

□□
지붕의 밑, 방의 위쪽에
평평하게 가로막은 부분.

□□□
움푹 파여 물이
괴어 있는 곳.

## 헷갈리는 말

알맞은 말에 ○ 하세요.

**작다**
부피, 넓이, 높이가 기준보다 덜하거나 크지 않다는 뜻으로, '크다'의 반대말.

 VS

**적다**
수나 양이 일정한 기준에 미치지 못한다는 뜻으로, '많다'의 반대말.

'작다'는 크기에 대해 말할 때, '적다'는 양에 대해 말할 때 주로 써.

(1) 나는 형보다 키가 ( 작아 , 적어 ).

(2) 지난달보다 용돈을 ( 작게 , 적게 ) 받았어.

(3) 아빠는 큰 가방을 들고, 나는 ( 작은 , 적은 ) 가방을 들었어.

## 토픽 한 줄 정리    개미만큼 작아지고 싶니? 고래만큼 커지고 싶니?

☐ 작아지고 싶어!          ☐ 커지고 싶어!          ☐ 둘 다!

그렇게 된다면 _____

사람들이 어떤 상상을 하는지 궁금하니?
궁금하면 다음 장을 넘겨 봐! >>>>>

# 놀랍고 신비한 상상 동물

사람들은 아주 오랜 옛날부터 실제 세상에는 없는 동물을 상상했어요. 상상 동물은 생김새도 남다르고, 특별한 능력도 가지고 있어요. 그래서 오랫동안 사람들의 관심과 사랑을 받아 왔어요.

동양에서 가장 널리 알려진 상상 동물은 '용'이에요. 용의 몸통은 뱀처럼 길고, 머리는 낙타, 뿔은 사슴, 발은 호랑이, 발톱은 매를 닮았어요. 용은 구름 사이를 넘나들고, 바다 주위를 날아다니며 바람과 구름, 비를 부를 수 있어요. 우리나라에서는 용을 '미르'라고도 불렀는데, '미르'에는 물의 뜻이 담겨 있어요. ㉠우리나라를 비롯한 중국, 일본 등에서는 용을 신처럼 받들었어요.

서양에서 유명한 상상 동물은 '피닉스'예요. 커다란 독수리를 닮은 피닉스는 머리는 황금색이고, 등과 날개는 진홍색, 꽁지는 짙푸른 색이에요. 피닉스가 나는 모습은 불꽃이 날아다니는 것처럼 보여요. 피닉스는 세상에 단 한 마리뿐이에요. 500년에 한 번씩 자기 몸을 불태워 재가 되었다가, 잿더미 속에서 다시 태어나요. 그래서 사람들은 피닉스를 영원히 죽지 않는 새라는 뜻으로 '불사조'라고 불렀어요.

㉡신화나 전설에는 신비한 상상 동물이 가득해요. 또 영화나 이야기에서 새로운 상상 동물이 태어나기도 해요. 우리가 상상을 멈추지 않는 한 상상 동물은 끝없이 탄생할 거예요.

**어휘 알기**  색칠한 낱말과 초성을 보고 뜻풀이에 알맞은 낱말을 ___에 쓰세요.

| ㅈ | ㄷ | ㅁ |  재가 쌓인 더미.

_____

| ㅂ | ㄷ | ㄷ |  공경하여 모시다.

_____

| ㄴ | ㄷ | ㄹ | ㄷ |  두드러지게 다른 사람과 같지
아니하다.

_____


**독해력 기르기**

**01** 이 글의 내용으로 알맞으면 ○, 알맞지 않으면 ✕ 하세요.

(1) 상상 동물은 사람들이 상상으로 만들어 낸 동물이다. (        )

(2) 상상 동물은 실제 세상에서 볼 수 있다.               (        )

(3) 상상 동물은 용과 피닉스 둘뿐이다.                   (        )


**02** 다음 상상 동물에 대한 설명으로 알맞은 것을 찾아 선으로 이으세요.

(1) 용     •

• (가)  뱀, 사슴, 호랑이 등 여러 동물의 생김새를 닮았다.

• (나)  우리나라에서는 '미르'라고 불렀다.

• (다)  죽은 뒤에 살아나는 능력이 있다.

(2) 피닉스 •

• (라)  바람과 구름, 비를 부르는 능력이 있다.

**03** ㉠을 뒷받침하는 예로 알맞은 것에 ○ 하세요.

(1) 옛사람들은 용이 물을 다스린다고 여겼다. 그래서 어부들은 바다에서 안전하게 물고기를 잡게 해 달라며 용에게 제사를 지냈다.

(2) 옛사람들은 용이 사람들을 괴롭히는 나쁜 신이라고 생각했다. 그래서 용을 물리치는 이야기를 상상하며 용에 대한 두려움을 이겨 내려고 했다.

**04** ㉡의 내용으로 알맞지 <u>않은</u> 예를 든 친구의 이름을 쓰세요. (                    )

서율: 동화책에서 머리에 뿔이 달린 유니콘에 관한 이야기를 읽은 적이 있어. 유니콘의 뿔에는 신비로운 능력이 있어 어떤 병이든 고칠 수 있대.

유림: 과학책에서 깊은 바닷속에 사는 물고기들을 봤어. 생김새가 아주 이상하고 독특한 게 꼭 상상 속 동물 같았어.

정우: 옛이야기에 나오는 이무기는 용이 되지 못한 커다란 구렁이야. 심보가 고약하고, 인정이 없어 사람들을 괴롭혔대.

**05** 이 글의 내용을 요약했어요. 빈칸에 들어갈 알맞은 말을 쓰세요.

옛날부터 사람들은 실제 세상에 없는 ①◻◻을 상상했다.

②◻

바람과 구름, 비를 부르는 능력이 있다. 동양에서 신처럼 받들었다.

피닉스

자신을 태운 잿더미에서 다시 태어난다. 영원히 죽지 않는 새 ③'◻◻◻'라고 불린다.

① ＿＿＿＿＿＿＿＿＿        ② ＿＿＿＿＿＿＿＿＿        ③ ＿＿＿＿＿＿＿＿＿

**이름을 나타내는 말**

길을 따라가 상상 동물의 이름을 알아보세요.

(1)

(2)

(가) **해태**
옳고 그른 것, 착하고 악한 것을 판단한다는 상상 동물.

(나) **봉황**
복되고 좋은 일이 생기는 곳에 나타나 살기 좋은 세상임을 알린다는 상상 동물.

 **헷갈리는 말**

알맞은 말에 ○ 하세요.

**꽁지**
새의 엉덩이 끝에 붙은 깃.

**VS**

**꼬리**
새가 아닌 다른 동물의 몸 뒤에 붙은 부분.

'꽁지', '꼬리'와 비슷한 말에는 '꽁무니'도 있어. 이 말은 '개 꽁무니', '새 꽁무니'처럼 모두 쓸 수 있지.

(1) 공작이 ( 꽁지 , 꼬리 )를 활짝 폈어.

(2) 구미호는 ( 꽁지 , 꼬리 )가 아홉 개 달린 여우야.

(3) ( 꽁지 , 꼬리 ) 빠진 수탉, ( 꽁지 , 꼬리 ) 내린 강아지.

**토픽 한 줄 정리**　　여러 동물의 모습을 합쳐 너만의 상상 동물을 만들어 봐!

내가 상상한 동물은 _____, _____,

_____, _____을(를) 닮았어.

이 상상 동물의 이름은 _____(이)야.

 사람들이 상상을 하는 이유는 뭘까?
궁금하면 다음 장을 넘겨 봐!>>>>>

# 까막 나라 불개

옛날 옛적 까막 나라는 빛이 없어 온통 깜깜했어요. 까막 나라 임금은 어떻게 하면 빛을 얻을까 곰곰이 생각했어요. 그러다 무릎을 탁 쳤어요.

"불개들아, 너희는 뜨거운 불을 물 수 있으니 해를 가져오너라!"

첫 번째 불개가 훨훨 하늘로 날아올랐어요. 불개는 이글이글 타오르는 해를 덥석 물었어요. 하지만 바로 뱉었어요. 해가 너무너무 뜨거웠거든요. 유황불도 물고, 용암도 물 수 있는 불개였지만 해는 물 수 없었어요. 불개가 고개를 푹 숙인 채 돌아왔어요.

"불개들아, 너희는 차디찬 얼음도 물 수 있으니 달을 가져오너라!"

두 번째 불개가 훌쩍 하늘로 뛰어올랐어요. 불개는 푸르게 빛나는 달을 꽉 물었어요. 하지만 바로 뱉었어요. 달이 너무너무 차가워 입이 꽁꽁 얼어 버렸거든요. 눈 뭉치도 물고, 얼음덩이도 물 수 있는 불개였지만 달은 물 수 없었어요.

두 번째 불개는 첫 번째 불개처럼 빈손으로 돌아가고 싶지 않았어요. 그래서 꽁꽁 언 입이 녹기를 기다렸다가 다시 달을 꽉 물었어요. 아래도 물고, 위도 물어 보았어요. 하지만 어디를 물어도 금세 입안이 얼어 버렸어요. 결국 ㉠두 번째 불개도 꼬리를 축 늘어뜨린 채 돌아왔어요. 임금은 한숨을 쉬며 말했어요.

"까막 나라는 영원히 어둠 속에 있어야 한단 말이냐?"

그러자 불개 여럿이 앞다퉈 나섰어요. 실패하고 또 실패했지만 포기하지 않았어요. 불개들은 아직도 해와 달을 물었다 뱉었다 하고 있대요. 사람들은 불개가 해를 물어 잠깐 해가 사라진 때를 일식, 달을 물어 잠깐 달이 사라진 때를 월식이라고 불렀어요.

**어휘 알기**  색칠한 낱말과 초성을 보고 뜻풀이에 알맞은 낱말을 ___에 쓰세요.

| ㄱ | ㅅ | 지금 바로. '금시에'가 줄어든 말. | _____ |

| ㅇ | ㅅ | 해가 달에 가려서 부분이나 전체가 보이지 않게 되는 현상. | _____ |

| ㅇ | ㅅ | 달이 지구의 그림자에 가려서 부분이나 전체가 보이지 않게 되는 현상. | _____ |

**독해력 기르기**

**01** 이 글에 나오는 인물을 모두 찾아 ○ 하세요.

> 신하들        임금        불개들        공주

**02** 이 글의 내용으로 알맞으면 ○, 알맞지 않으면 ✕ 하세요.

(1) 까막 나라에는 해도, 달도 없다.　　　　　 (　　　)

(2) 까막 나라는 빛이 전혀 없어 깜깜하다.　　 (　　　)

(3) 불개는 뜨거운 해도, 차가운 달도 물 수 있다. (　　　)

**03** 까막 나라 임금이 불개들에게 해와 달을 물어 오게 한 까닭은 무엇인가요?

(　　　)

① 해와 달이 까막 나라의 것이어서　　　　② 불개들이 해를 좋아해서

③ 까막 나라에 빛을 가져오려고　　　　　 ④ 해와 달이 갖고 싶어서

⑤ 해와 달을 가지면 부자가 될 수 있어서

**04** ㉠의 모습으로 짐작할 수 있는 내용은 무엇인지 알맞은 것에 ○ 하세요.

(1)
두 번째 불개가
까막 나라에
달을 가져왔다.

(2)
두 번째 불개도
까막 나라에 달을
가져오지 못했다.

**05** 옛사람들이 「까막 나라 불개」 이야기를 상상한 까닭을 바르게 짐작한 친구에 ○ 하세요.

(1)
일식과 월식이 일어나는
이유를 생각하다가 이런 이야기를
상상한 것 같아.

(2)
해와 달이 생겨난
이유를 생각하다가 이 이야기를
상상했을 거야.

**06** 이 글의 내용을 요약했어요. 빈칸에 들어갈 알맞은 말을 쓰세요.

임금은 까막 나라에 ① ☐ 을 가져오려고 불개들에게 해와 달을 물어 오게 했다. 하지만 ② ☐ 는 너무 뜨거워서, ③ ☐ 은 너무 차가워서 가져오지 못했다. 불개들은 아직도 까막 나라에 빛을 가져오려고 해와 달을 물었다 뱉었다 한다. 사람들은 불개들이 해와 달을 물었다 뱉었다 할 때마다 해와 달이 잠깐씩 사라지는 것을 일식과 월식이라고 불렀다.

① _____ ② _____ ③ _____

## 관용 표현

다음 관용 표현에 어울리는 그림을 찾아 선으로 이으세요.

(1) **무릎을 치다**
갑자기 어떤 놀라운 사실을 알게 되다.

(2) **무릎을 꿇다**
항복하거나 굴복하다.

(3) **무릎을 마주하다**
서로 가까이에 마주 앉다.

(가)

(나)

(다)

바로 그거야!

엄마랑 가까이 있으니 좋아.

## 올바른 표기

밑줄 친 말을 바르게 고쳐 쓰세요.

(1) 불개가 해를 덥썩 물었다. → _____

(2) 접씨가 와장창 깨졌어. → _____

(3) 책쌍에 바르게 앉으렴. → _____

받침 'ㅂ'이 'ㅅ'을 만나면 'ㅅ'은 [ㅆ]으로 소리가 나. 하지만 글자를 쓸 때는 소리 나는 대로 쓰지 않고, 원래 글자를 살려서 써야 해.

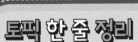

**토픽 한 줄 정리**   네가 사는 세상에 빛이 없다면 어떻게 할래?

☐ 빛이 없는 채로 살 거야.   ☐ 빛을 가져올 거야.

왜냐하면 _____

동화 속 상상의 세계와 닮은 곳이 있대. 어디일까? 궁금하면 다음 장을 넘겨 봐! >>>>>

예술　　기행문

# 동화 나라를 닮은 구엘 공원에 다녀와서

스페인 여행 첫날, 바르셀로나에 있는 구엘 공원에 갔다. 이곳은 스페인의 건축가 '가우디'가 만들었는데, 1984년에 유네스코 세계 문화유산으로 지정되었다.

㉠공원 입구에 건물 두 채가 나란히 있었다. 비스킷을 닮은 갈색 벽과 생크림을 덮은 듯한 흰색 지붕을 보니 동화 ㉡『헨젤과 그레텔』에 나오는 과자의 집이 떠올랐다.

광장으로 올라가는 계단 앞에는 도마뱀 분수에서 사진을 찍으려는 사람들이 길게 늘어서 있었다. ㉢도마뱀 분수는 알록달록한 작은 타일로 장식되어 있었다. 깨진 타일을 붙여서 아름다운 무늬를 만드는 모자이크 기법이 사용되었는데, 구엘 공원을 비롯해 가우디가 만든 대부분의 건축물에 모자이크가 있다고 한다.

계단을 지나 광장에 도착했다. 광장 둘레를 따라 모자이크로 장식된 엄청 긴 의자가 있었다. 그 모습은 마치 뱀이 구불구불 기어가는 것 같았다.

㉣"가우디는 자연을 매우 소중히 여겼어. 그래서 산을 깎지 않고 원래 모양을 살려 공원을 만들었지. 그래서 길도, 의자도 이렇게 구불구불한 모양이 된 거란다."

아빠의 설명을 들으며 전망대로 갔다. 공원과 바르셀로나 시내가 한눈에 보였다. 구름이 걷히자, 공원 여기저기가 반짝반짝 빛났다. 공원을 장식한 모자이크의 타일 조각들이 햇빛을 받아 반짝였기 때문이다.

"우아, 동화 속 나라에 온 것 같아요!"

구엘 공원은 정말 특별했다. 공원의 이곳저곳을 둘러보는 내내, ㉤동화의 주인공이 된 것 같은 기분이 들었기 때문이다. 공원을 나서며 마음속으로 멋진 공원을 만든 가우디에게 고맙다는 인사를 했다.

**어휘 알기** 색칠한 낱말과 초성을 보고 뜻풀이에 알맞은 낱말을 ___에 쓰세요.

| ㅌ | ㅇ | 건물의 벽이나 바닥에 붙이는 얇고 납작한 도자기 조각. | _____ |

| ㄱ | ㅈ | 많은 사람이 모일 수 있게 거리에 만들어 놓은, 넓은 빈터. | _____ |

| ㅈ | ㅁ | ㄷ | 멀리 내다볼 수 있도록 높이 만든 곳. | _____ |

**독해력 기르기**

**01** 이 글에 대한 설명이에요. 빈칸에 들어갈 알맞은 말을 쓰세요.

| | | 하면서 보고, 듣고, 느끼고, 겪은 것을 적은 글이다.

**02** 글쓴이가 이동한 순서대로 빈 곳에 알맞은 장소의 기호를 쓰세요.

㉮ 공원 입구          ㉯ 전망대          ㉰ 광장 아래 계단          ㉱ 광장

(     ) → (     ) → (     ) → (     )

**03** 구엘 공원에 대한 설명으로 알맞으면 ○, 알맞지 않으면 × 하세요.

(1) 구엘 공원은 스페인의 건축가 가우디가 만들었다.    (     )

(2) 구엘 공원은 유네스코 세계 문화유산으로 지정되었다.    (     )

(3) 구엘 공원은 산을 깎아서 반듯하게 만들었다.    (     )

(4) 구엘 공원에는 모자이크 기법으로 장식된 곳이 많다.    (     )

**04** 이 글에서 글쓴이가 가지 <u>않은</u> 장소를 찾아 ○ 하세요.

(1) 　　　(2) 　　　(3)

**05** ㉠~㉤은 글쓴이가 보고 듣고 느낀 것 가운데 무엇에 해당하는지 알맞게 선으로
이으세요.

(1) ㉠ •

(2) ㉡ •

(3) ㉢ •

(4) ㉣ •

(5) ㉤ •

　　　　• (개)　본 것

　　　　• (내)　들은 것

　　　　• (대)　느낀 것

> 실제로 경험한 것과
> 느낌이나 생각을 구분하며
> 기행문을 읽으면 내용을
> 잘 파악할 수 있어.

**06** 이 글의 내용을 요약했어요. 빈칸에 들어갈 알맞은 말을 쓰세요.

| 처음 | 스페인 여행 첫날, 가우디가 만든 ① ☐☐ 공원에 갔다. |
|---|---|
| 가운데 | 공원 입구에서 과자의 집을 닮은 건물을 보고, 광장으로 올라가는 계단에서 ② ☐☐☐☐로 장식된 도마뱀 분수를 보았다. 뱀처럼 길게 이어진 의자가 있는 광장에서 가우디가 산을 깎지 않고 공원을 만들었다는 설명을 들었다. 햇빛을 받아 반짝이는 공원을 보며 ③ ☐☐ 속 나라에 온 것 같은 기분이 들었다. |
| 끝 | 가우디에게 고마운 마음을 느끼며 공원을 나섰다. |

① _____　　② _____　　③ _____

**낱말**의 **관계**

비슷한말에는 =, 반대말에는 ↔ 기호를 쓰세요.

| 소중하다 매우 귀하고 중요하다. | ◯ | 귀중하다 귀하고 중요하다. |
|---|---|---|

| 도착하다 가려는 곳에 다다르다. | ◯ | 출발하다 어떤 곳에 가려고 길을 떠나다. |
|---|---|---|

| 장식하다 보기 좋게 꾸미다. | ◯ | 꾸미다 다듬어 보기 좋은 것으로 만들다. |
|---|---|---|

| 구불구불하다 이리저리 구부러져 있다. | ◯ | 반듯반듯하다 비뚤거나 굽지 않고 바르다. |
|---|---|---|

 **헷갈리는 말**

알맞은 말에 ◯ 하세요.

| 걷히다 구름, 안개 따위가 흩어져 없어지다. |  VS | 거치다 잠시 들르거나 지나쳐 가다. |
|---|---|---|

두 개의 낱말은 [거치다]로 소리가 같아. 하지만 뜻은 전혀 다르니 구분해 써야 해.

(1) 먹구름이 ( 걷히자 , 거치자 ) 맑은 하늘이 나타났어.

(2) 안개가 ( 걷히자 , 거치자 ) 앞이 조금씩 보였어.

(3) 학교에서 집에 가려면 문방구를 ( 걷혀야 , 거쳐야 ) 해.

**토픽 한 줄 정리**   구엘 공원에서 꼭 보고 싶은 것을 하나만 고른다면?

나는 ＿＿＿＿＿＿＿＿＿＿＿＿＿＿＿＿＿을(를) 보고 싶어!

왜냐하면 ＿＿＿＿＿＿＿＿＿＿＿＿＿＿＿＿＿＿＿＿＿

 상상한 것이 이루어지는 세상이 있대.
궁금하면 다음 장을 넘겨 봐! >>>>>

# 상상이 이루어지는 곳, 메타버스

메타버스는 뛰어넘는다는 뜻의 '메타'와 세계를 뜻하는 '유니버스'가 합쳐진 말로, 인터넷에 만들어진 가상 세계를 뜻해요. 메타버스에 대해 알아보아요.

가 메타버스에는 다양한 세상이 있어요. 우리 학교나 공원처럼 실제 장소와 똑같이 생긴 곳도 있고, 직접 가기 힘든 우주나 바닷속, 상상 속의 공룡 시대나 먼 미래의 도시도 있어요. 메타버스에서는 이런 곳들이 실제처럼 생생하게 펼쳐져요.

나 메타버스에서는 상상하는 모든 일을 할 수 있어요. 아침에 외국의 유명 도시를 구경하고, 저녁에 우주여행을 떠날 수 있어요. 오늘은 요리사가 되었다가, 내일은 디자이너가 될 수도 있지요. 실제 세상에서는 불가능하지만 메타버스에서는 가능해요. 인터넷만 있다면 시간이나 공간에 상관없이 언제 어디서든 메타버스의 세계에서 하고 싶은 것을 할 수 있어요.

다 메타버스에는 아바타가 있어요. 아바타는 가상 세계에서 나를 대신하여 움직이고 말하는 캐릭터예요. 아바타는 내가 바라는 모습으로 맘껏 꾸밀 수 있어요. 성별, 외모, 액세서리, 옷 등 각자의 개성에 따라 직접 만들어요. 실제 세상의 '나'처럼 메타버스의 '아바타'는 친구를 만나 학교에 가고, 영화관에 가는 등 여러 활동을 해요.

메타버스는 발전하고 있어요. ㉠메타버스를 더 생생하게 느끼게 해 주는 기술이 개발되고, ㉡더 다양한 메타버스 세상이 만들어지고, ㉢더 많은 사람들이 메타버스를 찾고 있으니까요. 앞으로 만나게 될 메타버스 세상을 기대해 보아요.

**어휘 알기**  색칠한 낱말과 초성을 보고 뜻풀이에 알맞은 낱말을 ___에 쓰세요.

| ㄷ | ㅅ | ㅎ | ㄷ |   어떤 것의 역할이나 책임을 떠맡아 하다.   _____

| ㅅ | ㅅ | ㅎ | ㄷ |   마치 눈앞에 보이는 것처럼 또렷하고 분명하다.   _____

| ㄱ | ㅅ | ㅅ | ㄱ |   실제 있는 곳이 아닌 컴퓨터의 통신망에 있는 세계.   _____

**독해력 기르기**

**01**  가~다 문단의 중심 내용을 찾아 알맞게 선으로 이으세요.

(1) 가 문단 •

(2) 나 문단 •

(3) 다 문단 •

• (가)  메타버스에서는 다양한 세상이 실제처럼 생생하게 펼쳐진다.

• (나)  메타버스에서는 아바타가 나를 대신하여 여러 활동을 한다.

• (다)  메타버스에서는 시간과 장소에 상관없이 상상하는 일들을 할 수 있다.

**02**  이 글의 내용으로 알맞으면 ○, 알맞지 않으면 ✕ 하세요.

(1) 메타버스에서는 아바타의 모습으로 친구를 만날 수 있다.     (     )

(2) 실제 세상에서 불가능한 일들을 메타버스에서 경험할 수 있다.     (     )

(3) 메타버스는 세계라는 뜻의 '메타'와 뛰어넘는다는 뜻의 '유니버스'를 합쳐 만든 말이다.     (     )

**03** 다음 글의 빈 곳에 공통으로 들어갈 말은 무엇인가요? (      )

오늘은 메타버스 교실에서 곤충의 한살이를 배우는 날이에요. 인터넷에 접속해 ▢▢▢의 옷을 고르러 상점에 갔어요. ▢▢▢에게 옷을 여러 벌 입혀 보고, 제일 마음에 드는 탐험가 옷을 고른 뒤에 교실로 갔어요. 교실에는 전국에서 모인 친구들의 ▢▢가 가득했어요. 오늘 짝꿍은 대구에 사는 성수예요. ▢▢▢를 보니 힙합 음악을 좋아하는 것 같아요.

① 컴퓨터　　② 이모티콘　　③ 인터넷　　④ 아바타　　⑤ 메타버스

**04** ㉠~㉢ 중 다음 내용과 관련 있는 것의 기호를 쓰세요. (      )

오감 기술은 컴퓨터를 통해 보고, 듣는 것뿐 아니라 냄새와 맛, 촉감까지 느끼게 해 주는 기술이다. 앞으로 오감 기술이 더 발전하면 메타버스에서 더욱더 생생한 체험을 하게 될 것이다.

**05** 이 글의 내용을 요약했어요. 빈칸에 들어갈 알맞은 말을 쓰세요.

①▢▢▢▢는 뛰어넘는다는 뜻의 '메타'와 세계를 뜻하는 '유니버스'가 합쳐진 말로, 인터넷에 만들어진 가상 세계를 뜻한다. 메타버스에서는 다양한 세상이 실제처럼 생생하게 펼쳐지며, ②▢▢과 공간에 상관없이 다양한 경험을 할 수 있다. 메타버스에서는 ③▢▢▢가 나를 대신해 여러 활동을 한다. 메타버스는 계속 발전하고 있다.

①  _____　　②  _____　　③  _____

## 뜻이 비슷한 말

글자판에서 글자를 찾아 밑줄 친 말과 뜻이 비슷한 말을 쓰세요.

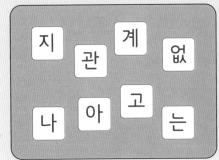

지 | 계 | 없
관
나 | 아 | 고 | 는

(1) 그건 나와 <u>상관없는</u> 일이야.

☐ ☐ ☐ ☐

(2) 나날이 실력이 <u>발전하고</u> 있다.

☐ ☐ ☐ ☐

 ## 뜻을 더하는 말

빈칸에 알맞은 말을 쓰세요.

전시 | 체험 | 영화
도서 | 박물

➕

**-관**
어떤 낱말 뒤에 붙어
'건물' 또는 '기관'의
뜻을 더한다.

☐ ☐ 관
물건이나 작품
같은 것을
전시하는 건물.

☐ ☐ 관
책이나 자료들을 모아
놓고 사람들이 볼 수
있도록 한 시설.

☐ ☐ 관
영화를
보여 주는
시설을 갖춘 곳.

## 토픽 한 줄 정리

메타버스에서 너의 아바타를 어떻게 꾸밀래?

☐ 지금의 나와 똑같이!　　☐ 지금의 나와 다르게!

왜냐하면 ＿＿＿＿＿＿＿＿＿＿＿＿＿＿＿＿＿＿

색깔을 이용하는 기술이 있다고?

색깔과 관련한 재미있는 현상은?

색깔은 어떻게 보이는 걸까?

# 색깔

| 빨강이나 노랑처럼 어떤 것이 띠는 빛깔.

색깔과 관련된 이야기가 있을까?

색깔에도 의미가 있을까?

세상에는 얼마나 많은 색깔이 있을까?

화가들은 색깔을 어떻게 표현할까?

사람들은 어떤 색깔을 좋아할까?

# 여우 누이

옛날, 어느 집에 딸이 태어났어. 부모는 딸을 금이야 옥이야 키웠지. 그런데 언제부턴가 가축들이 자꾸 없어져. 수상히 여긴 오빠가 몰래 보니 누이가 가축을 잡아먹지 뭐야? 부모에게 알렸더니 오히려 화를 내며 오빠를 내쫓았어.

오빠는 여기저기 떠돌다 좋은 각시를 만나 혼인을 했어. 세월이 한참 흘러, 오빠는 고향에 가 보기로 했지. 그랬더니 각시가 파란 병, 하얀 병, 빨간 병을 내주며 말했어.

"혹시 위험한 일이 생기면 이걸 쓰세요."

풀이 우거진 고향 집에는 부모는 없고 누이 혼자 살고 있었어. 오빠는 섬뜩한 기분이 들어 바로 나오려 했어. 그랬더니 ㉠누이가 밥을 먹고 가라며 붙잡았어. 오빠는 누이에게 부추전을 해 달라고 했지. 누이가 부추를 뜯으러 밭에 가면 달아날 속셈이었어. 그런데 갑자기 누이가 품에서 끈을 꺼내서 오빠를 친친 묶었어. 어찌나 빠른지 피할 새도 없었어.

누이가 자리를 비운 틈에, 오빠는 겨우 끈을 풀고 달아났어. 그러자 누이는 꼬리 아홉 달린 여우로 변신해서 휙휙 뒤쫓아 왔어. 그 순간 오빠는 각시가 준 병이 떠올랐어.

파란 병을 던지자 새파란 물이 넘실넘실 쏟아졌어. 금세 시퍼런 강이 펼쳐졌지. 여우는 강물을 헤엄쳐 쫓아왔어. 여우가 옷자락을 잡아채려는 순간, 오빠는 하얀 병을 휙 던졌어. 날카로운 하얀 가시가 얼키설키 솟구치더니 새하얀 덤불을 이루었어. 여우는 가시에 찔려 피를 흘리면서 가시덤불을 헤치고 쫓아왔어. 오빠는 더는 달아날 곳이 없는 막다른 절벽에 닿았어.

"이 병이 마지막인데……."

오빠가 빨간 병을 던졌어. 그러자 새빨간 불길이 이글이글 타오르더니 주변이 불바다가 되었어. 여우는 시뻘건 불 속에서 나오려고 발버둥 치다 불길에 휩싸여 죽고 말았대. 오빠는 무사히 각시가 있는 집으로 돌아왔지.

**어휘 알기**  색칠한 낱말과 초성을 보고 뜻풀이에 알맞은 낱말을 ___에 쓰세요.

| ㄸ | ㄷ | ㄷ |

정한 곳 없이 이곳저곳을 옮겨 다니다.    _____

| ㅁ | ㄷ | ㄹ | ㄷ |

더 나아갈 수 없도록 앞이 막혀 있다.    _____

| ㅅ | ㄸ | ㅎ | ㄷ |

갑자기 소름이 끼치도록 무섭고 끔찍하다.    _____


**독해력 기르기**

**01**  이 글에서 가장 중요한 인물 두 명을 골라 ○ 하세요.

| 부모님          오빠          누이          각시 |

**02**  일이 일어난 순서대로 기호를 쓰세요.

⑦ 부모가 오빠를 집에서 쫓아냈다.

④ 집에서 기르는 가축들이 자꾸 없어졌다.

⑤ 집에서 쫓겨난 오빠는 떠돌다 각시를 만나 혼인을 했다.

⑥ 오빠는 누이가 가축을 잡아먹는 모습을 보았다.

⑦ 오빠는 부모에게 누이가 가축을 잡아먹는다는 것을 알렸다.

( ④ ) → (      ) → (      ) → (      ) → (      )

**03**  이 글의 내용으로 알맞으면 ○, 알맞지 않으면 ✕ 하세요.

(1) 누이는 꼬리 아홉 달린 여우였다.          (      )

(2) 오빠는 누이를 피해 달아났지만 곧 잡혔다.          (      )

(3) 여우는 파란 병에서 쏟아져 나온 물에 빠져 죽었다. (      )

**04** 누이가 ㉠처럼 행동한 까닭은 무엇일지 바르게 짐작한 친구에 ○ 하세요.

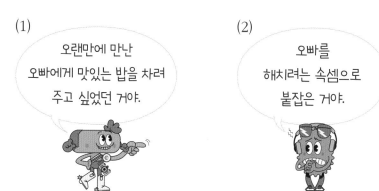

(1)
오랜만에 만난 오빠에게 맛있는 밥을 차려 주고 싶었던 거야.

(2)
오빠를 해치려는 속셈으로 붙잡은 거야.

**05** 오빠가 여우에게 각각의 병을 던졌을 때 일어난 일을 찾아 선으로 이으세요.

(1) 파란 병 •　　　• (가) 날카로운 가시가 솟아 가시덤불이 생겼다.

(2) 빨간 병 •　　　• (나) 불길이 타올라 온통 불바다가 되었다.

(3) 하얀 병 •　　　• (다) 물이 넘실넘실 쏟아지며 강이 펼쳐졌다.

**06** 이 글의 내용을 요약했어요. 빈칸에 들어갈 알맞은 말을 쓰세요.

> 오빠는 ①◻◻가 가축을 잡아먹는다고 말했다가 부모에게 쫓겨났다. 세월이 흘러 오빠는 각시가 준 병 세 개를 가지고 고향 집에 갔는데 부모는 없고 누이만 혼자 있었다. 오빠가 달아나자, 누이가 ②◻◻로 변해 쫓아왔다. 오빠는 달아나며 각시가 준 병을 차례로 던졌다. 파란 병을 던지자 강이 생겨 여우를 빠뜨렸고, ③◻◻ 병을 던지자 가시덤불이 솟아 여우를 가두었다. 빨간 병을 던지자 불길에 휩싸여 여우는 죽고, 오빠는 무사히 집으로 돌아갔다.

①　_____　　②　_____　　③　_____

## 흉내 내는 말

그림에 어울리는 흉내 내는 말을 찾아 선으로 이으세요.

(1) 　(2) 　(3)

(개)
**얼키설키**
가는 것이
이리저리 뒤섞이어
얽힌 모양.

(내)
**이글이글**
불길이 일어
불꽃이 피어오르는
모양.

(대)
**넘실넘실**
물결이 부드럽게
굽이쳐 움직이는
모양.

## 합쳐진 말

다음 낱말을 뜻이 있는 두 개의 말로 나누어 빈칸에 쓰세요.

**옷자락**

옷 + 자 락

가시덤불 = ☐☐ + ☐☐

불바다 = ☐ + ☐☐

## 토픽 한 줄 정리

오빠가 검정 병을 던졌다면 무슨 일이 벌어졌을까?

☐ 사방이 깜깜해졌어.　　☐ 까마귀 떼가 나타났어.　　☐ 검은 구멍이 생겼어.

그래서 _____

 하늘을 날 수 있게 만드는 색깔이 있대. 무슨 색일까?
궁금하면 다음 장을 넘겨 봐! >>>>>

# 색깔이 부리는 마술, 크로마키

영화에서 주인공이 하늘을 날거나 한 명의 배우가 쌍둥이처럼 마주 보고 이야기하는 장면을 본 적 있니? 이런 장면은 어떻게 촬영하는 걸까? 배우가 진짜로 하늘을 날고 실제 쌍둥이 배우가 나오는 걸까? 천만에! 색깔을 이용해 마술을 부리는 거야.

가 이 마술의 비밀은 크로마키에 있어. 크로마키는 컴퓨터 그래픽의 하나인데, 따로 찍은 두 개의 화면을 하나의 장면으로 만드는 기술이야.

나 크로마키를 하려면 두 개의 영상이 필요해. 배우가 하늘을 나는 장면을 만들고 싶다면 ㉠하늘을 찍은 첫 번째 영상을 준비해. 그리고 ㉡배우가 초록색 배경 앞에서 하늘을 나는 연기를 하고, 그 모습을 찍어서 두 번째 영상을 만들어. ㉢그다음에 두 번째 영상에서 초록색을 없애. 그러면 ㉣배경은 사라지고 배우만 남아. 여기에 하늘을 찍은 영상을 합치면 배우가 하늘을 나는 것처럼 보여.

다 크로마키에는 초록색이나 파란색 같은 푸른색을 배경으로 써. 왜냐고? 사람의 피부색과 뚜렷이 구별되어 색을 없애기 쉽거든. 만약 배경이 노란색이면 피부색이 노르스름한 사람은 얼굴의 일부가 없어지고, 빨간색이면 붉은 입술이 사라질 거야. 그렇게 되면 큰일 나겠지? 그래서 크로마키 촬영을 할 때 배우는 배경과 비슷한 색깔의 옷이나 액세서리를 착용하지 않도록 주의해야 해.

크로마키 기술은 영화는 물론, 일기 예보, 뉴스, 인터넷 방송에도 자주 사용되고 있어. 그래서 우리는 더 생생하고, 재미있는 영화와 방송을 볼 수 있는 거야.

▲ 초록색 배경 앞에서 촬영하는 배우들

▲ 크로마키가 적용된 장면

**어휘 알기** 색칠한 낱말과 초성을 보고 뜻풀이에 알맞은 낱말을 ___에 쓰세요.

| ㅊ | ㅇ | 사람, 사물, 풍경 따위를 사진이나 영화로 찍음. | _____ |

| ㅇ | ㅅ | 텔레비전이나 영화, 모니터 등의 화면에 나타나는 모습. | _____ |

| ㅊ | ㅇ | 옷, 모자, 신발, 액세서리 따위를 입거나, 쓰거나, 신거나 차거나 함. | _____ |

**독해력 기르기**

**01** 크로마키에 대한 설명으로 알맞은 것에 ○ 하세요.

(1) 두 사람을 한 사람으로 만드는 기술이다.         (       )

(2) 두 개의 화면을 하나의 장면으로 만드는 기술이다. (       )

**02** 가~다 문단에서 각각 설명하는 것은 무엇인지 알맞게 선으로 이으세요.

(1) 가 문단 •                    • (가) 크로마키를 만드는 방법

(2) 나 문단 •                    • (나) 크로마키의 뜻

(3) 다 문단 •                    • (다) 크로마키에서 푸른색을 쓰는 이유

**03** 이 글의 내용으로 알맞으면 ○, 알맞지 않으면 ✕ 하세요.

(1) 크로마키는 영화에서만 쓰이는 특별한 기술이다.              (       )

(2) 영화에서 주인공이 하늘을 나는 장면은 크로마키로 만든 것이다.    (       )

(3) 크로마키 촬영을 할 때 배우는 배경과 비슷한 색깔의 옷을 입어야 한다.

(       )

**04** 나 문단에서 설명한 내용을 그림으로 나타냈어요. ㉠~㉣ 중 다음 그림을 설명하는 것을 찾아 알맞은 기호를 쓰세요. (          )

**05** 크로마키에서 배경을 푸른색으로 사용하는 까닭은 무엇인지 알맞은 내용에 ○ 하세요.

(1)
사람의 피부색과
비슷해서 배경과 쉽게
합칠 수 있기 때문에

(2)
사람의 피부색과
차이가 커서 배경을 쉽게
없앨 수 있기 때문에

**06** 이 글의 내용을 요약했어요. 빈칸에 들어갈 알맞은 말을 쓰세요.

| 처음 | 영화에서 하늘을 나는 장면은 색깔을 이용해 만든 것이다. |
|---|---|
| 가운데 | • ①□□□□는 두 개의 영상을 하나로 합치는 기술이다. 배우가 초록색 배경 앞에서 하늘을 나는 연기를 하면, 그 모습을 촬영한 영상에서 초록색을 없앤다. 여기에 하늘을 찍은 영상을 합치면 배우가 하늘을 나는 것처럼 보인다.<br>• 크로마키에서는 사람의 ②□□□과 구분이 잘 되는 ③□□□이나 파란색을 배경으로 쓴다. |
| 끝 | 크로마키는 영화, 일기 예보, 뉴스, 인터넷 방송 등 다양한 분야에서 쓰이고 있다. |

① _____   ② _____   ③ _____

## 뜻이 비슷한 말

글자를 이용해 밑줄 친 말과 뜻이 비슷한 말을 만들어 빈칸에 쓰세요.

촬  심
조  영
우  지

(1) 배우가 연기하는 장면을 찍다.

☐ ☐ 하 다

(2) 초록색 배경을 없애다.

☐ ☐ 다

(3) 같은 색 옷을 입지 않게 주의하다.

☐ ☐ 하 다

## 틀리기 쉬운 말

밑줄 친 말이 알맞으면 ◎, 알맞지 않으면 ☒에 ○ 하세요.

(1) 하늘을 나는 주인공을 본 적 있니?　◎ ☒

(2) 하늘 높이 날으는 종이비행기.　◎ ☒

(3) 넌 훨훨 나는 새가 부럽지 않니?　◎ ☒

(4) 무리 지어 날으는 기러기들을 보았어.　◎ ☒

'날다'에 '–는'을
붙여서 쓸 때는
'날'의 받침인 'ㄹ'을 빼고
'나는'으로 써야 해.

## 토픽 한 줄 정리

크로마키를 이용해 만들고 싶은 장면이 있니?

☐ 우주를 떠다니는 장면　☐ 나를 여럿으로 만드는 장면　☐ _____

이 장면을 _____ 에게 보여 주고 싶어.

빛과 색은 무슨 사이일까?
궁금하면 다음 장을 넘겨 봐! >>>>>

# 빛을 그린 화가, 모네

산책을 하던 모네가 들판의 건초 더미를 지그시 바라보았어요. 밝은 햇살이 쏟아져 내리자 건초 더미가 노란색으로 빛났어요. 잠시 뒤 구름이 해를 가리자 건초 더미는 갈색으로 변했지요. 모네는 같은 물체도 빛에 따라 다르게 보일 수 있다는 걸 깨달았어요.

'자연의 빛은 시시각각 변해. 해가 뜰 때부터 질 때까지 빛은 한순간도 똑같지 않아. ㉠어떻게 하면 빛에 따라 달라지는 색을 그림에 담을 수 있을까?'

모네는 건초 더미 주변에 여러 개의 캔버스를 세웠어요. 그리고 캔버스를 옮겨 다니며 그림을 그렸어요. 시간이 지나 빛이 달라지면 잠시 멈추었다가, 그림을 그리기 시작했을 때와 비슷한 빛이 드는 순간이 올 때까지 기다렸어요. 모네는 계속해서 변하는 빛을 그림에 담기 위해 같은 풍경을 시간에 따라 여러 장 그렸어요.

모네는 이른 아침과 해 질 무렵의 오후, 뜨거운 해가 비치는 여름과 차가운 서리가 내리는 겨울, 맑은 날과 흐린 날에도 그림을 그렸어요. 모네는 몇 년에 걸쳐 그린 건초 더미 연작을 사람들에게 선보였어요. 결과는 대성공이었어요.

"같은 건초 더미가 날씨에 따라 이렇게 달라 보일 수 있다니!"

"어머나, 겨울 아침의 햇살을 받은 건초 더미는 차가운 푸른색인데, 여름의 건초 더미는 화사한 붉은빛이 돌아요."

사람들은 건초 더미 연작을 통해 빛이 얼마나 아름다운지 깨달았어요. 그리고 빛의 변화를 관찰하고, 그림으로 담아낸 모네의 예술적 재능에 찬사를 보냈어요. 그 뒤로 모네는 포플러 나무 연작, 루앙 대성당 연작, 수련 연작을 완성하며 빛과 색을 표현하는 일에 평생을 바쳤어요.

클로드 모네, 〈건초 더미〉, 1891, 캔버스에 유채, 73 × 93, 보스턴 미술관

**어휘 알기** 색칠한 낱말과 초성을 보고 뜻풀이에 알맞은 낱말을 ____에 쓰세요.

| ㅊ | ㅅ | 칭찬하거나 찬양하는 말이나 글. | _____ |

| ㅇ | ㅈ | 문학이나 미술 따위에서, 한 작가가 같은 주제나 같은 인물로 작품을 잇달아 짓는 일. | _____ |

| ㅅ | ㅂ | ㅇ | ㄷ | 어떤 것을 남 앞에 처음 내보이다. | _____ |

**독해력 기르기**

**01** 모네가 그림에 담고 싶어 한 것은 무엇인지 빈칸에 알맞은 말을 쓰세요.

모네는 [ ]에 따라 달라지는 색을 그림에 담고 싶어 했다.

**02** ㉠을 해결하기 위해 모네가 사용한 방법은 무엇인지 알맞은 것에 ○ 하세요.

(1)
한 풍경을 시간과 계절의
흐름에 따라
여러 장 그렸다.

(2)
한 풍경을 항상
같은 시간에 나와
여러 장 그렸다.

**03** 이 글의 내용으로 알맞은 것을 모두 고르세요. (        ,        )

① 모네는 풍경을 직접 보면서 그렸다.

② 모네는 머릿속으로 상상해서 그림을 그렸다.

③ 모네는 환한 빛을 표현하기 위해 낮에만 그림을 그렸다.

④ 모네는 건초 더미 연작 이후 빛과 색을 표현하는 그림들을 많이 그렸다.

⑤ 모네는 하나의 풍경을 다양하게 표현하기 위해 평생 건초 더미만 그렸다.

**04** 건초 더미 연작에 대한 설명으로 알맞지 <u>않은</u> 것의 기호를 쓰세요. (          )

> ㉮ 모네는 건초 더미 연작을 딱 일 년 동안 그렸다.
> ㉯ 건초 더미 연작에는 여름과 겨울, 맑은 날과 흐린 날, 아침과 저녁 등 여러 계절과 시간에 본 건초 더미의 모습이 담겨 있다.
> ㉰ 건초 더미 연작을 본 사람들은 같은 물체가 빛에 따라 다른 색으로 보인다는 사실에 놀라며 감탄했다.

**05** 이 글을 읽고 모네의 태도에 대해 바르게 말한 친구에 ○ 하세요.

(1)
> 순간마다 달라지는 빛을 그림에 담겠다고 몇 년 동안 똑같은 그림만 그리다니! 모네는 너무 어리석은 사람이야.

(2)
> 모네는 짧은 순간에 보이는 빛의 변화를 알아챌 만큼 관찰력이 뛰어나고, 자신이 원하는 그림을 그리기 위해 꾸준히 노력한 사람이야.

**06** 이 글의 내용을 요약했어요. 빈칸에 들어갈 알맞은 말을 쓰세요.

> ① ☐☐는 산책을 하던 중에 ② ☐에 따라 건초 더미의 ③ ☐이 달라지는 것을 본 뒤, 순간마다 달라지는 빛과 색을 그림에 담고 싶었다. 그래서 시간이나 계절, 날씨에 따라서 빛이 변할 때마다 건초 더미를 그렸다. 몇 년 뒤 모네가 그린 건초 더미 연작을 본 사람들은 빛의 변화를 관찰해 그림에 담은 모네의 예술적 재능에 찬사를 보냈다. 그 뒤로 모네는 다른 연작을 그리며 빛과 색을 표현하는 일에 평생을 바쳤다.

① _____    ② _____    ③ _____

## 낱말의 반대말

반대말을 찾아 선으로 이으세요.

**멈추다**
하던 일이나 움직임을 그치다.

**밝다**
어둡지 않고 환하다.

**같다**
서로 조금도 다르지 않다.

**어둡다**

**다르다**

**계속하다**

 ## 헷갈리는 말

알맞은 말에 ○ 하세요.

**빛**
불, 해, 전등 들에서 나오는 밝고 환한 것.

 VS

**빚**
남에게 갚아야 할 은혜나 돈.

'빛'과 '빚'은 서로 다른 낱말이지만 발음이 같아. 그러니 글을 쓸 때 헷갈리지 않으려면 뜻을 정확히 알아 두는 것이 좋아.

(1) 농부는 도깨비에게 갚아야 할 ( 빛 , 빚 )이 있어.

(2) 바다에 ( 빛 , 빚 )이 비치자 물결이 반짝반짝 빛났어.

## 토픽 한 줄 정리

모네처럼 주변을 관찰해 달라진 색깔을 찾아봐!

오늘 아침에 본 _____ 의 색깔은 _____

저녁에 보았을 때 색깔은 _____

 색깔을 이용한 재미있는 실험이 있어. 궁금하면 다음 장을 넘겨 봐! >>>>>

# 색의 잔상 실험 보고서

**실험 날짜**   20○○년 ○월 ○일

**실험 목적**   잔상은 어떤 것을 오래 바라보다 다른 곳을 보았을 때 앞서 보았던 물체가 잠깐 보이는 현상이다. 진한 색을 오랫동안 보면 눈에 자극이 남아 피로해진다. 그래서 눈의 세포는 그 자극을 없애기 위해 반대색을 잔상으로 남긴다. 실험을 통해 색의 잔상이 실제로 일어나는지 알아본다.

**실험 준비물**  진한 색으로 칠한 태극기 그림, 흰 종이

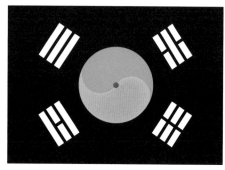
〈그림 1〉

〈그림 2〉

## 실험 방법

① 시선을 고정하기 위해 두 그림 가운데에 각각 빨간 점을 찍는다.

② 눈을 깜빡이지 않고, 〈그림 1〉에 있는 빨간 점을 10초 정도 바라본다.

③ 시선을 옮겨 〈그림 2〉의 빨간 점을 바라본다.

④ 〈그림 2〉에 무엇이 나타나는지 관찰한다.

## 실험 결과

① 〈그림 2〉의 흰 종이에 태극기의 잔상이 순간적으로 나타났다가 사라졌다.

② 잔상으로 보인 태극기는 〈그림 1〉의 색과 반대색이었다. 검은색은 희게, 흰색은 검게, 초록색은 붉게, 주황색은 푸르게 잔상이 보였다.

③ 눈을 움직이면 잔상도 따라 움직였고, 점점 옅어지다가 사라졌다.

## 더 알고 싶은 점

㉠

**어휘 알기**  색칠한 낱말과 초성을 보고 뜻풀이에 알맞은 낱말을 ___에 쓰세요.

| ㅈ | ㄱ |  마음이나 몸에 영향을 미치는 것.

_____

| ㅅ | ㅅ |  눈이 가는 곳. 또는 눈으로 보는 방향.

_____

| ㅂ | ㄷ | ㅅ |  섞으면 하양이나 검정이 되는 두 색.
빨강과 초록, 주황과 파랑 같은 것이다.

_____


**독해력 기르기**

**01**  이 글에 대해 바르게 말한 친구에 ○ 하세요.

(1) 실제로 실험을 한 뒤, 실험 과정과 결과를 적은 글이야.

(2) 실험을 하기 전에 어떻게 실험할 것인지 계획을 적은 글이야.

**02**  이 글의 내용으로 알맞으면 ○, 알맞지 않으면 ✕ 하세요.

(1) 실험 결과 잔상은 사라지지 않고 계속 선명하게 보였다.                    (          )

(2) 잔상 실험을 할 때 흰 종이를 먼저 본 뒤, 태극기의 그림을 봤다.          (          )

(3) 진한 색을 오랫동안 보았을 때 색의 잔상이 일어나는지 알아보기 위해 실험을
했다.                                                                                  (          )

**03**  ㉠에 들어갈 내용으로 알맞은 것에 ○ 하세요.

(1) 연한 색을 보아도 색의 잔상이 일어나는지 알아보고 싶다.

(2) 실험에 쓴 태극기를 누가 그렸는지 알고 싶다.

**04** 실험에서 사용한 태극기의 색과 잔상으로 보인 색을 알맞게 선으로 이으세요.

| 태극기의 색 | | 잔상의 색 |
|---|---|---|

(1) 검은색 •　　　　　　　　　　• (개) 붉은색

(2) 흰색　•　　　　　　　　　　• (내) 검은색

(3) 초록색 •　　　　　　　　　　• (대) 흰색

(4) 주황색 •　　　　　　　　　　• (래) 푸른색

**05** 실험 결과에 대해 바르게 말한 친구의 이름을 쓰세요. (　　　　　　　)

> **유림**: 눈을 이리저리 움직여도 잔상은 한자리에서 움직이지 않고 그대로 있더라. 정말 신기했어.
>
> **정우**: 잠깐 동안이지만 흰 종이에 태극기 모양이 나타났다 점차 사라지는 게 꼭 마술 같았어.

**06** 이 글의 내용을 요약했어요. 빈칸에 들어갈 알맞은 말을 보기 에서 찾아 쓰세요.

> 보기
>
> 자극　　　　　반대색　　　　　잔상

> 색의 ①☐☐을 알아보는 실험을 했다. 진한 색으로 칠한 태극기를 10초 동안 보고 난 뒤에 잔상이 남는지 관찰했다. 실험 결과 검은색은 희게, 흰색은 검게, 초록색은 붉게, 주황색은 푸르게 잔상이 보였다. 색의 잔상은 실제 보이는 색과 ②☐☐☐으로 보인다는 것을 확인했다. 진한 색을 오래 보면 눈에 강한 자극이 남아 피로해지기 때문에 눈은 ③☐☐을 없애기 위해 반대색을 잔상으로 남긴다.

①＿＿＿＿＿＿＿＿　　②＿＿＿＿＿＿＿＿　　③＿＿＿＿＿＿＿＿

## 색깔을 나타내는 말

이름에 알맞은 색깔을 찾아 선으로 이으세요.

(1) 흰색   백색   하얀색   •

(2) 흑색   까만색   검은색   •

(3) 청색   파란색   푸른색   •

(4) 적색   빨간색   붉은색   •

• (가)

• (나)

• (다)

• (라)

## 헷갈리는 말

알맞은 말에 ◯ 하세요.

**다르다**
비교가 되는 두 대상이
서로 같지 아니하다.

**틀리다**
답, 셈, 사실이 맞지
않거나 옳지 않다.

두 낱말은 반대말로
구분해 봐! '틀리다'의
반대말은 '맞다',
'다르다'의 반대말은
'같다'야.

(1) 2번 문제는 맞았고, 3번 문제는 ( 달랐어 , 틀렸어 ).

(2) 실제 그림의 색깔은 잔상의 색깔과 ( 달라 , 틀려 ).

(3) 나와 동생은 좋아하는 것이 ( 다르다 , 틀리다 ).

## 토픽 한 줄 정리

그림을 그려서 잔상 실험에 도전해 봐!

진한 색깔로
색칠해 봐!

⇨

잔상의 색깔이
어떻게 보이니?

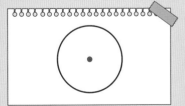

색깔마다 특별한 의미가 있어. 색깔의 의미가
궁금하면 다음 장을 넘겨 봐! >>>>>

색깔에 담긴 의미를 살펴봐!

사회 　설명하는 글

# 색깔을 보면 나라가 보여요

나라마다 그 나라를 대표하는 깃발, 국기가 있어요. 국기마다 무늬와 모양은 다른데, 주로 쓰는 색깔은 신기하게도 비슷해요. 국기에 쓰인 색깔에 대해 알아볼까요?

빨강은 국기에 가장 많이 사용되는 색이에요. 빨강은 태양, 힘, 피를 뜻해요. 그래서 힘세고 잘사는 나라가 되고 싶은 바람이나, 나라에 헌신한 이들에 대한 고마운 마음을 국기에 담고 싶을 때 빨강을 써요.

황금의 색깔인 노랑은 풍요로움을 뜻해요. 지하자원이 풍부하거나 곡식이 여무는 드넓은 들판을 가진 나라의 국기에서 주로 볼 수 있어요. 또 황금처럼 빛나는 나라가 되기를 바라는 마음을 나타내기도 해요.

파랑과 초록은 자연을 뜻해요. 그래서 아름다운 자연환경을 가진 나라의 국기에 많아요. 푸른 바다와 아름다운 강이 있는 나라는 파랑을, 풍요로운 밀림과 초원이 있는 나라는 초록을 주로 써요.

검정은 아프리카 대륙을 나타내는 색이자, 아프리카인들의 피부색이기도 해요. 그래서 아프리카 대륙에 있는 나라의 국기에 많아요. 검정을 통해 자신들이 살고 있는 땅과 스스로를 자랑스러워하는 마음을 표현해요.

각 나라는 국기의 색깔을 통해 나라의 자연환경, 문화, 중요하게 여기는 생각 등을 표현해요. 그래서 국기의 색깔에 담긴 의미를 알면 그 나라를 더 잘 이해할 수 있어요.

대한민국　칠레　우크라이나　콜롬비아

뉴질랜드　브라질　남아프리카 공화국　탄자니아

**어휘 알기**  색칠한 낱말과 초성을 보고 뜻풀이에 알맞은 낱말을 ＿＿에 쓰세요.

| ㅈ | ㅇ | ㅎ | ㄱ |

산, 강, 바다처럼 자연이 이룬 환경.

＿＿＿＿＿＿＿＿＿＿

| ㅎ | ㅅ | ㅎ | ㄷ |

몸과 마음을 바쳐 있는 힘을 다하다.

＿＿＿＿＿＿＿＿＿＿

| ㅈ | ㅎ | ㅈ | ㅇ |

석유, 석탄, 철처럼 땅속에 묻혀 있는 자원.

＿＿＿＿＿＿＿＿＿＿

**독해력 기르기**

**01**  이 글에서 설명하는 것은 무엇인지 빈칸에 알맞은 말을 쓰세요.

국기의 ☐☐ 에 담긴 의미

**02**  이 글의 내용으로 알맞으면 ○, 알맞지 않으면 ✕ 하세요.

(1) 국기는 나라를 대표하는 깃발이다.                    (          )

(2) 나라마다 국기의 무늬, 모양은 모두 똑같다.      (          )

(3) 국기에 쓰이는 색깔에는 특별한 뜻이 담겨 있다. (          )

> 각 문단에서 어떤 색깔에 대해 설명하는지 차근차근 읽어 봐.

**03**  이 글에 나오지 <u>않은</u> 색깔은 무엇인가요? (          )

① 초록     ② 파랑     ③ 검정     ④ 빨강     ⑤ 하양

**04** 다음 색깔은 국기에서 어떤 뜻을 나타내는지 알맞게 선으로 이으세요.

(1) 빨강 •

(2) 노랑 •

(3) 검정 •

(4) 초록 •

• (가) 아프리카 대륙을 나타내는 색으로, 스스로에 대한 자부심이 담겨 있다.

• (나) 자연을 뜻하는 색으로, 아름다운 자연환경을 가진 나라의 국기에 많다.

• (다) 태양과 힘을 뜻하며, 힘세고 잘사는 나라가 되고 싶은 바람이 담겨 있다.

• (라) 풍요로움을 뜻하며, 황금처럼 빛나는 나라가 되고 싶은 바람이 담겨 있다.

**05** 이 글의 내용을 요약했어요. 빈칸에 들어갈 알맞은 말을 쓰세요.

| | |
|---|---|
| 처음 | 각 나라의 국기는 무늬와 모양은 다르지만, 주로 쓰는 ①☐☐은 비슷하다. |
| 가운데 | 빨강은 힘세고 강한 나라가 되고 싶은 바람과 나라에 헌신한 이들에 대한 고마움이 담겨 있고, 노랑은 빛나는 나라가 되고 싶은 바람과 풍요로운 자원을 나타낸다. 파랑과 초록은 자연환경이 아름다운 나라의 국기에 많다. ②☐☐은 아프리카 대륙을 나타내는 색깔로 그곳 사람들의 자부심을 표현한다. |
| 끝 | 각 나라는 ③☐☐의 색깔을 통해 자연환경, 문화, 중요하게 여기는 생각 등을 표현한다. |

① _____   ② _____   ③ _____

### 📖 국(國)이 들어간 낱말

주어진 한자에 글자를 더해 뜻에 알맞은 한자어를 완성하세요.

| 國 나라 국 | ＋ | 꽃 화(花)  흙 토(土)  기 기(旗)  말씀 어(語) |

| 국 ☐ | 국 ☐ | 국 ☐ |
|---|---|---|
| 한 나라의 국민이 쓰는 말. | 한 나라에 딸린 땅. | 한 나라를 상징하는 꽃. |

### 📖 모양이 같은 말

밑줄 친 낱말의 뜻을 찾아 선으로 이으세요.

(1) 약이 너무 <u>쓰다</u>. •

(2) 마스크를 <u>쓰다</u>. •

(3) 삼각자를 <u>쓰다</u>. •

• (가) 얼굴에 어떤 물건을 걸거나 덮어쓰다.

• (나) 맛이 약이나 씀바귀 등의 맛과 같다.

• (다) 어떤 일을 하는 데에 재료나 도구, 수단을 이용하다.

### 토픽 한 줄 정리

우리 집을 상징하는 깃발을 만든다면 어떤 색을 넣고 싶니?

☐ 빨강   ☐ 노랑   ☐ 초록   ☐ 파랑   ☐ 검정   ☐ _____

왜냐하면 _____

게으름뱅이가 주인공인 이야기도 있을까?

부지런한 게 좋을까? 게으른 게 좋을까?

게으름은 나쁘기만 할까?

# 게으름

| 행동이 느리고 움직이거나 일하기 싫어하는 태도.

동물도 게으름을 피울까?

세계 최고의 게으름뱅이는 누구일까?

사람들은 게으름에 대해 어떻게 생각할까?

게으름을 피우면 소가 된다는 말은 진짜일까?

사람들은 왜 게으름을 피울까?

# 게으름뱅이 잭

옛날 어느 마을에 잭과 어머니가 살았어요. 잭은 아주 게을러서 해가 하늘 높이 솟아오를 때까지 쿨쿨 잠만 잤어요. 날씨가 좋으면 양지바른 곳에서 햇볕을 쬐고, 날씨가 추우면 난로 앞에 웅크리고 앉아 있었어요. 참다못한 어머니가 잭에게 소리쳤어요.

"잭! 언제까지 이렇게 게으름을 피울 거니! 일하지 않으면 집에서 내쫓을 거야!"

어머니의 으름장을 듣고서야 잭은 일을 하러 나섰지요.

첫째 날, 잭은 목장에서 소젖을 짜고 우유 한 단지를 얻었어요. 잭은 우유 단지를 겉옷 주머니에 넣고 집으로 돌아왔어요. 우유가 줄줄 다 새는 줄도 모르고요.

"잭, 머리에 이고 왔어야지. 어휴, 답답해."

둘째 날, 잭은 양계장에서 닭을 돌보고 닭 한 마리를 얻었어요.

"어머니 말씀대로 닭을 머리에 이고 가야지."

하지만 닭이 머리 위에서 푸드덕거리는 바람에 잭은 닭을 놓치고 말았어요.

"잭, 묶어서 끌고 왔어야지! 에구, 답답해."

셋째 날, 잭은 정육점에서 일을 하고 고기 한 덩이를 얻었어요. 잭은 어머니 말씀대로 고기를 묶어 끌고 왔어요. 어머니는 더러워진 고기를 보며 한숨을 쉬었어요.

"잭, 어깨에 메고 왔어야지. 에구구, 답답해."

넷째 날, 잭은 농장에서 짐을 나르고 새끼 당나귀 한 마리를 얻었어요. 잭은 당나귀를 어깨에 메고, 낑낑대며 집으로 걸어갔어요.

농장에서 잭의 집으로 가는 길에는 한 부자가 살았는데, 부자의 딸은 태어나 한 번도 웃은 적이 없어요. 그런데 평생 웃지 않던 부자의 딸이 당나귀를 메고 걸어가는 잭을 보고 웃음을 터뜨린 거예요.

"하하하! 아버지 저 사람 좀 보세요."

부자는 딸이 웃자 몹시 기뻤어요. 그래서 딸을 웃게 한 잭과 딸을 결혼시키기로 했어요. 물론 딸도 좋아했지요. 잭은 부자의 딸과 결혼해 행복하게 살았답니다.

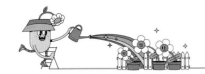

**어휘 알기**  색칠한 낱말과 초성을 보고 뜻풀이에 알맞은 낱말을 ___에 쓰세요.

| ㅇ | ㄹ | ㅈ |  말과 행동으로 위협하는 짓.

_____

| ㅇ | ㅈ | ㅂ | ㄹ | ㄷ |  볕이 잘 드는 상태에 있다.

_____

| ㅊ | ㄷ | ㅁ | ㅎ | ㄷ |  참을 만큼 참다가 더 이상 참을 수 없다.

_____

**독해력 기르기**

**01**  게으름을 피우던 잭이 일을 하게 된 까닭으로 알맞은 것에 ○ 하세요.

(1)
게으름을 피우다
어머니께 야단맞아서

(2)
게으름을 피우는
것이 재미없어서

**02**  게으름뱅이 잭이 일하러 간 곳이에요. 빈 곳에 들어갈 장소를 순서에 맞게 쓰세요.

목장 → ( ㉮ ) → ( ㉯ ) → 농장

㉮ _____     ㉯ _____

**03**  잭이 일을 한 뒤 얻은 것들을 어떻게 가져왔는지 알맞게 선으로 이으세요.

(1) 우유      •                    • (개) 머리에 이고 왔다.

(2) 닭        •                    • (내) 어깨에 메고 왔다.

(3) 고기      •                    • (대) 주머니에 넣어 왔다.

(4) 당나귀    •                    • (래) 줄에 묶어 끌고 왔다.

**04** 잭이 당나귀를 어깨에 메고 간 까닭은 무엇인지 바르게 말한 친구에 ○ 하세요.

(1)

당나귀가
어려서 걸을 수
없었기 때문이야.

(2)

전날, 어머니가
한 말이 떠올랐기
때문이야.

(3)

농장 주인이
메고 가라고 시켰기
때문이야.

**05** 이 글의 내용을 바르게 이해한 친구의 이름을 쓰세요. (                    )

> **정우**: 잭이 열심히 일하고 닭을 집에 가져왔는데, 어머니가 칭찬은 하지 않고
> 핀잔만 주는 모습이 조금 아쉬웠어.
> **동민**: 잭은 비록 게으르고 어리석지만 어머니의 말씀을 잘 듣는 착한 청년 같
> 아. 그래서 결국에는 부자의 딸과 결혼할 기회도 얻은 게 아닐까?
> **슬기**: 잭이 부자의 딸과 결혼한 뒤에 부지런해졌다니 정말 다행이야.

**06** 이 글의 내용을 요약했어요. 빈칸에 들어갈 알맞은 말을 쓰세요.

> 게으름뱅이 잭이 어머니께 꾸중을 듣고, 일을 하러 나갔다. 잭은 일하고 얻은
> ①☐☐를 주머니에 넣었다 흘리고, 닭을 머리에 이고 오다 놓치고, 고기를
> 땅에 끌고 와 더러워지는 바람에 꾸중을 들었다. 다음 날, 잭은 ②☐☐☐
> 말대로 일하고 얻은 당나귀를 어깨에 메고 돌아왔다. 그 모습을 본 부자의 딸
> 이 ③☐☐을 터뜨렸고, 부자는 딸을 웃게 한 잭을 딸과 결혼시켰다. 잭은 부
> 자의 딸과 행복하게 살았다.

① _____    ② _____    ③ _____

## 움직임을 나타내는 말

그림에 알맞은 말을 찾아 선으로 이으세요.

(1)

(2)

(3)

(가) **이다**
물건을 머리에
얹다.

(나) **메다**
어깨에 걸치거나
올려놓다.

(다) **끌다**
바닥에 댄 채로
잡아당기다.

## 모양이 같은 말

밑줄 친 낱말의 뜻을 찾아 선으로 이으세요.

(1) 계획표를 <u>짜다</u>. •

(2) 소의 젖을 <u>짜다</u>. •

(3) 반찬이 너무 <u>짜다</u>. •

• (가) 비틀거나 눌러서 빼내다.

• (나) 소금이나 간장 같은 맛이 있다.

• (다) 계획을 세우거나 프로그램 같은 것을 만들다.

### 토픽 한 줄 정리

잭은 게으름을 피우는 동안 무슨 생각을 했을까?

세상에서 제일 게으른 동물이 누구게?
궁금하면 다음 장을 넘겨 봐! >>>>>

# 나무늘보, 게으름쟁이일까?

나무늘보는 게으른 동물로 알려져 있어요. 이름도 '나무에 사는 느림보'라는 뜻이에요. 나무늘보는 하루 중 절반을 넘게 자고, 깨어 있을 때도 나무에만 매달려 있어요. 나무에 매달린 채 먹이를 먹고, 새끼도 낳아요. 일주일에 한 번 똥을 쌀 때 말고는 내려오지 않아요. 나무늘보는 왜 게으름쟁이가 되었을까요?

나무늘보는 원래 회갈색의 털을 가졌어요. 하지만 온몸이 이끼로 덮여 있어 나뭇잎과 비슷한 초록색으로 보여요. 그래서 천적의 눈에 잘 띄지 않아 잡아먹힐 위험이 적어요. 이끼가 보호색 역할을 하는 거예요. 나무늘보가 느리게 움직이는 건, 그래야 털에 이끼가 잘 끼기 때문이에요.

나무늘보는 땅에서 잘 걷지 못해서 먹이를 찾으러 다니기 힘들어요. 나무늘보는 주로 자기가 매달려 있는 나무에서 나뭇잎이나 열매 등을 따 먹어요. 이런 먹이들은 양도 적고, 영양분도 부족해요. 그래서 나무늘보는 천천히 움직여요. 몸을 조금 움직일수록 에너지를 덜 쓰니까요. 또 나무늘보는 다른 포유동물보다 체온이 낮아요. 그래서 체온을 유지하는 데 에너지가 많이 필요하지 않아요. 덕분에 하루에 나뭇잎 서너 장만 먹고도 살 수 있어요.

나무늘보는 최대한 느리게 움직여 몸을 보호하고, 살아가는 데 필요한 에너지를 줄여 조금만 먹어도 살 수 있도록 진화했어요. 게으름을 피우는 것처럼 보이는 나무늘보의 행동은 사실, 오래 살아남기 위한 똑똑한 방법인 거예요.

마라톤과 관련된 이야기를 살펴봐!

세계    전래

# 마라톤 전투

기원전 490년, 페르시아가 2만 명이 넘는 군사를 이끌고 아테네로 향했어요. 페르시아군은 아테네 근처의 마라톤 평야에 자리를 잡고, 공격할 준비를 했어요.

아테네에는 싸울 군사가 1만여 명밖에 없었어요. 페르시아의 대군에 맞서기에는 턱없이 부족했어요. 그래서 아테네는 이웃 국가 스파르타에 지원군을 요청하기로 했어요. 달리기 선수인 필리피데스가 전령이 되어 스파르타로 떠났어요.

'내가 빨리 가야 나라가 위험에서 벗어날 수 있어.'

필리피데스는 마라톤 평야에서부터 200킬로미터가 넘는 먼 길을 쉬지 않고 달렸어요. 꼬박 이틀을 달려 스파르타에 도착했어요. 하지만 스파르타는 지원군을 보낼 수 없다고 했어요. 필리피데스는 곧바로 마라톤 평야를 향해 다시 달렸어요. 지원군이 오지 않는다는 걸 알려야 아테네군이 대비를 할 수 있을 테니까요.

마라톤 평야에서 아테네군과 페르시아군의 전투가 시작되었어요. 아테네의 군사들은 죽을 각오로 싸웠어요. 며칠 동안 이어진 전투에서 아테네군은 페르시아군을 크게 물리쳤어요.

"필리피데스, 페르시아군이 배를 타고 황제가 있는 아테네를 향하고 있네. 자네가 가서 황제에게 우리의 승리 소식을 전해 주게. 만약 늦는다면 황제가 페르시아에 항복을 할지도 몰라."

㉠필리피데스는 화살이 자신을 쫓아온다는 생각으로 달렸어요. 땀이 비 오듯 쏟아져도 멈추지 않았어요. 아테네에 도착한 필리피데스는 한마디 말을 남기고 숨을 거두었어요.

"기뻐하라, 우리가 이겼다!"

훗날 사람들은 필리피데스를 기리기 위해 긴 거리를 뛰어서 겨루는 경기를 시작했는데, 전투가 일어났던 지역의 이름을 따서 ㉡            이라고 불렀어요.

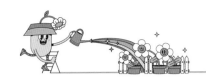

**어휘 알기** 색칠한 낱말과 초성을 보고 뜻풀이에 알맞은 낱말을 ___에 쓰세요.

| ㅈ | ㄹ |  명령을 전하는 사람을 일컫는 말.

_____

| ㅈ | ㅇ | ㄱ |  남을 돕기 위하여 출동한 군대.

_____

| ㄱ | ㄹ | ㄷ |  뛰어난 업적이나 위대한 사람을
칭찬하고 기억하다.

_____


**독해력 기르기**

**01**  이 글의 내용으로 알맞으면 ○, 알맞지 않으면 ✕ 하세요.

(1) 아테네가 먼저 페르시아를 공격했다.  (          )

(2) 필리피데스는 지원군을 요청하기 위해 스파르타로 달려갔다.  (          )

(3) 아테네군과 페르시아군이 전투를 벌인 곳은 마라톤 평야이다.  (          )

(4) 아테네는 스파르타의 지원을 받아 전투에서 승리했다.  (          )


**02**  다음 지도를 보고, 필리피데스가 달린 순서대로 기호를 쓰세요.

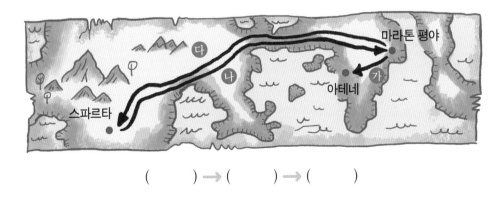

(          ) → (          ) → (          )

**03** ㉠을 통해 짐작할 수 있는 인물의 생각으로 알맞은 것은 무엇인가요? (      )

① 화살에 맞으면 어쩌지? 너무 무서워.

② 나에게 화살을 쏜 자를 가만두지 않겠어.

③ 나라를 지키려면 서둘러 가야 해.

④ 스파르타가 우리를 도와주었더라면 좋았을 텐데.

⑤ 아테네를 공격한 페르시아를 절대 용서하지 않을 거야.

**04** ㉡에 들어갈 스포츠로 알맞은 것은 무엇인가요? (      )

① 높이뛰기          ② 장애물 달리기

③ 멀리뛰기          ④ 마라톤

⑤ 단거리 달리기

이 스포츠는 42.195킬로미터를 달리는 장거리 경주 종목이야.

**05** 이 글의 내용을 요약했어요. 빈칸에 들어갈 알맞은 말을 쓰세요.

페르시아가 아테네를 공격하자, ①☐☐☐☐☐가 전령이 되어 스파르타에 지원군을 요청하러 갔다가 거절당하고 돌아왔다. 마라톤 전투에서 아테네군이 페르시아군을 물리치자, 필리피데스는 황제가 페르시아에 항복하는 것을 막기 위해 ②☐☐☐를 향해 달렸다. 필리피데스는 승리 소식을 전하고, 숨을 거두었다. 훗날 사람들은 필리피데스의 희생을 기리기 위해 ③☐☐☐을 시작했다.

① _____          ② _____          ③ _____

**관용 표현**

인물에 어울리는 관용 표현이 되도록 빈칸에 들어갈 알맞은 말을 쓰세요.

☐이 비 오듯 하다

뜻 땀이 몹시 많이 흐르다.

 **어울려 쓰는 말**

밑줄 친 말을 바르게 고쳐 쓰세요.

(1) 만약 내일 비가 <u>온다고</u> 축구 시합은 취소될 거야. ➡ _____

(2) 내가 만약 <u>새라도</u> 하늘을 훨훨 날아갈 거야. ➡ _____

(3) 만약 숙제가 <u>없지만</u> 놀이터에서 실컷 놀 거야. ➡ _____

'만약'은 '-라면, -다면' 같은 말과 함께 써야 해.

**토픽 한 줄 정리**    필리피데스가 어떤 사람인지 소개하는 말을 써 봐!

필리피데스는 _____

_____

 요즘 새롭게 유행하는 스포츠는 뭘까?
궁금하면 다음 장을 넘겨 봐! >>>>>

# 새로운 스포츠의 탄생

젊은 세대가 놀이로 즐기는 '브레이킹(breaking)'과 '이 스포츠(e-sports)'가 국제 운동 경기 대회의 정식 종목으로 새롭게 채택되었다.

'브레이킹'은 2018년 청소년 올림픽에서 시범 종목으로 치러지며 큰 인기를 얻었다. 이 어 파리 올림픽에서도 정식 종목으로 채택되었다. 브레이킹은 힙합 음악에 맞춰 묘기에 가까운 동작을 하며 추는 춤이다. 댄스 스포츠의 하나로, 다양한 춤 기술과 창의적 표 현을 겨룬다. 올림픽에서는 기술, 다양성, 음악성, 창의성, 개성 등을 심사하여 우승자 를 가린다. 국제 올림픽 위원회는 '브레이킹이 올림픽에 대한 젊은 세대의 관심을 다시 높일 것'이라며 기대를 나타냈다.

항저우 아시안 게임의 정식 종목이 된 '이 스포츠'도 눈길을 끈다. 이 스포츠는 온라 인에서 진행되는 게임이다. 온라인에서 게임을 통해 승부를 겨루기 때문에 두뇌 스포츠 로 불린다. 이 스포츠는 ㉠ 국제 운동 경기 대회의 정식 종목으 로 채택하는 것을 반대하는 사람들이 많았다. 하지만 이 스포츠에도 순발력, 지구력 등 신체적 능력이 필요하다는 주장이 나오며 정식 종목으로 인정받게 되었다.

4년마다 열리는 올림픽과 아시안 게임은 개최 때마다 정식 종목 중 일부를 빼고, 새 로운 종목을 더하며 꾸준히 변화하고 있다. 앞으로 어떤 새로운 스포츠가 등장해 우리 에게 즐거움을 줄지 전 세계 사람들의 관심이 높다.

▲ 브레이킹

▲ 이 스포츠

어휘 알기　색칠한 낱말과 초성을 보고 뜻풀이에 알맞은 낱말을 ___에 쓰세요.

| ㅅ | ㅂ |　어떤 일을 본보기로 해 보이는 것.　_____

| ㅊ | ㅌ |　여럿 가운데 하나를 골라서 뽑아 쓰는 것.　_____

| ㅈ | ㅅ | ㅈ | ㅁ |　아시안 게임이나 올림픽에서 공식적으로 채택한 종목.　_____

독해력 기르기

**01** 이 글을 쓴 목적은 무엇인가요? (　　　)

① 올림픽과 아시안 게임이 열리는 때를 알리려고
② 올림픽과 아시안 게임의 유래를 소개하려고
③ 올림픽과 아시안 게임의 인기가 떨어진 까닭을 밝히려고
④ 올림픽과 아시안 게임에 관심을 가져 달라는 부탁을 하려고
⑤ 올림픽과 아시안 게임에 새롭게 채택된 스포츠를 알리려고

**02** 이 글에 나온 스포츠에 대한 설명을 찾아 알맞게 선으로 이으세요.

(1) 브레이킹　•

•(가) 두뇌 스포츠의 하나로, 게임을 통해 승부를 겨룬다.

(2) 이 스포츠　•

•(나) 댄스 스포츠의 하나로, 음악에 맞추어 다양한 춤 기술을 겨룬다.

**03** ㉠에 들어갈 내용으로 알맞은 것에 ○ 하세요.

(1) 다른 스포츠에 비해 신체 활동이 적다는 이유로　(　　　)

(2) 다른 스포츠에 비해 재미가 없다는 이유로　　　　(　　　)

**04** 다음 친구들은 어떤 스포츠에 대해 이야기하고 있는지 알맞은 것에 ○ 하세요.

유림: 선수가 한 손으로 땅을 짚고, 몸을 팽이처럼 뱅글뱅글 돌리는 동작을
　　　할 때는 넘어질까 봐 조마조마했어.

희원: 음악에 맞춰 선수가 멋진 동작을 할 때마다 나도 신이 나서 몸이 들
　　　썩들썩했어.

강원: 마지막에 나온 선수는 앞의 선수들이 하지 않은 동작을 여러 개 선보
　　　였어. 높은 점수를 받을 것 같아.

(1) 브레이킹　　　(2) 이 스포츠

**05** 이 글의 내용을 요약했어요. 빈칸에 들어갈 알맞은 말을 쓰세요.

①☐☐☐과 아시안 게임에서 정식 종목이 된 새로운 스포츠가 있다.

②☐☐☐☐　　　　③☐☐☐☐

음악에 맞춰 춤 기술과 창의성을 겨루는 스포츠로, 파리 올림픽의 정식 종목으로 채택되었다.

온라인에서 게임을 통해 승부를 겨루는 스포츠로, 항저우 아시안 게임의 정식 종목으로 채택되었다.

① _____　　② _____　　③ _____

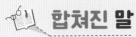

## 합쳐진 말

빈칸에 알맞은 글자를 써넣어 낱말을 완성하세요.

| 웃음 | 인사 | 길 | 꼬리 |

눈 **+** 길

눈으로 보는 방향.
또는 주의나 관심.

눈 **+** ☐☐

귀 쪽으로 가늘게
좁혀진 눈의 가장자리.

눈 **+** ☐☐

소리 없이 눈으로만
가만히 웃는 웃음.

## 뜻이 여러 개인 말

밑줄 친 말이 어떤 뜻으로 쓰였는지 번호를 쓰세요.

① 어렵거나 큰일을
해내다.

치르다

② 주어야 할 돈을
내주다.

(1) 올림픽을 훌륭하게 치렀다.　　　　(　　　)

(2) 비싼 값을 치르고 산 물건이야.　　　　(　　　)

(3) 입학식을 치르고 방금 집에 돌아왔어.　　(　　　)

## 토픽 한 줄 정리

브레이킹과 이 스포츠 중에 무엇을 더 보고 싶니?

☐ 브레이킹　　　　☐ 이 스포츠

왜냐하면 _____

스포츠는 우리에게 감동을 주기도 해.
궁금하면 다음 장을 넘겨 봐! >>>>>

# 자전거 왕 엄복동

"엄복동! 엄복동!"

사람들의 외침이 커질수록 엄복동이 자전거 페달을 밟는 속도도 빨라졌어요.

"보나 마나 이번 자전거 경주 일 등은 엄복동이야!"

사람들의 말처럼 엄복동이 가장 앞서 달리고 있었어요. 이 등으로 달리는 일본 선수와 거리가 점점 벌어졌어요. 그런데 갑자기 삑, 호루라기가 울렸어요.

㉠"중지! 곧 해가 질 것 같으니 시합을 중지합니다."

심판의 말에 조선 사람들의 속이 부글부글 끓었어요. 하지만 ㉡선뜻 나서서 항의하지 못했어요. 그때는 일제 강점기였기 때문이에요.

"나에게 일 등을 주지 않으려고 교활한 짓을 벌이는구나."

엄복동이 부르르 떨며 우승기를 잡아채 꺾으며 소리쳤어요.

㉢"이 가짜 우승기를 두어 무엇 하냐!"

그러자 일본 사람들이 우르르 몰려와 엄복동을 마구 때리기 시작했어요. 그 모습을 보자, 조선 사람들은 마음속 울분이 터져 나와 외쳤어요.

"이 도둑놈들아, 나라를 훔치더니 이제 자전거 경주의 일 등마저 훔치느냐!"

조선 사람들의 기세에 놀란 일본 사람들은 서로 밀치고 넘어지며 도망쳤어요.

"일 등, 엄복동!"

심판은 하나로 뭉친 조선 사람들이 두려워 경기를 바로잡았어요.

"만세! 우리가 이겼다!"

㉣엄복동과 조선 사람들은 서로를 부둥켜안고 눈물을 흘렸어요. 비록 자전거 대회에서 거둔 작은 승리였지만, 조선의 자존심을 지켰기 때문이에요. 잘못된 경기를 바로잡은 것처럼 언젠가 나라를 되찾을 수 있다는 희망이 사람들의 마음속에 피어났어요.

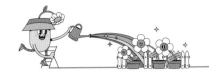

**어휘 알기**  색칠한 낱말과 초성을 보고 뜻풀이에 알맞은 낱말을 ___에 쓰세요.

| ㅇ | ㅂ |   몹시 억울하고 분한 마음이 가슴에 가득함.

_____

| ㄱ | ㅈ | ㄱ |   남의 물건, 영토, 권리 따위를 강제로 차지한 시기.

_____

| ㄱ | ㅎ | ㅎ | ㄷ |   몹시 바르지 못하고, 나쁜 꾀가 많다.

_____

**독해력 기르기**

**01**  엄복동에 대한 설명으로 알맞으면 ○, 알맞지 않으면 ✕ 하세요.

(1) 엄복동은 자전거 선수이다.                    (        )

(2) 엄복동은 일본 사람들의 응원을 받았다.   (        )

(3) 엄복동은 자전거 경주에서 일 등을 했다.   (        )

**02**  심판이 ㉠처럼 경기를 중지한 까닭으로 알맞은 것에 ○ 하세요.

(1) 일본 선수가 엄복동을 이기는 것을 막으려고   (        )

(2) 엄복동이 경주에서 일 등 하는 것을 막으려고   (        )

**03**  ㉡을 통해 일제 강점기 때 조선 사람들의 모습을 바르게 짐작한 친구에 ○ 하세요.

(1)
일본 사람들의 눈치를 보느라 억울한 일을 당해도 말 한마디 할 수 없었어.

(2)
일본 사람들을 두려워하지 않고 항상 당당하게 대했어.

**04** 엄복동이 ⓒ처럼 말한 까닭으로 알맞은 것에 ○ 하세요.

(1) 다른 대회의 우승기를 가져와서 주려고 해서 ( )

(2) 일본이 정당하지 못한 방법으로 우승을 빼앗으려고 해서 ( )

**05** ㄹ에서 엄복동과 조선 사람들이 눈물을 흘린 까닭을 바르게 짐작한 친구의 이름을 쓰세요. ( )

> 가영: 일본 때문에 앞으로는 자전거 대회에서 일 등을 할 수 없을 것 같아서 눈물을 흘린 거야.
>
> 슬기: 엄복동이 심판에게 항의하다 일본 사람들에게 맞는 모습을 보고 너무 화나고 분해서 운 거야.
>
> 시은: 억울하게 빼앗길 뻔한 일 등을 다 같이 힘을 합쳐 되찾았기 때문에 기쁨의 눈물을 흘린 거야.

**06** 이 글의 내용을 요약했어요. 빈칸에 들어갈 알맞은 말을 쓰세요.

> 자전거 경주에서 ①□□□이 우승하지 못하게 하려고 심판이 경기를 중지 시켰다. 엄복동이 항의하며 우승기를 꺾자, 일본 사람들이 몰려들어 엄복동을 때렸다. 엄복동이 억울하게 당하는 것을 본 ②□□ 사람들이 들고일어나자 심판은 엄복동에게 승리를 돌려주었다. 이 일을 통해 조선 사람들은 나라를 되찾을 수 있다는 ③□□을 갖게 되었다.

① _____ ② _____ ③ _____

## 꾸며 주는 말

글자를 모아 뜻풀이에 해당하는 말을 쓰세요.

꾸며 주는 말은
꾸밈을 받는 말
앞에 써.

| 마 | 선 | 뜻 | 구 | 장 | 가 |

|  |  | 망설이지 않고 바로. 예 ○○ 나서다. |
|  |  | 아주 심하게. 예 ○○ 때리다. |
|  |  | 여럿 가운데 으뜸으로. 예 ○○ 빠르다. |

## 올바른 발음

밑줄 친 낱말의 올바른 발음에 ✓ 하세요.

겹받침 'ㄹㅎ' 뒤에
자음 'ㄱ', 'ㄷ', 'ㅈ'이 오면
각각 [ㅋ], [ㅌ], [ㅊ]으로
발음해.

(1) 속이 부글부글 끓다.　☐[끌타]　☐[끌다]

(2) 개는 싫고 고양이가 좋다.　☐[실코]　☐[실고]

(3) 지우개가 닳지 않았다.　☐[달지]　☐[달치]

(4) 벽에 구멍을 뚫다.　☐[뚤다]　☐[뚤타]

## 토픽 한 줄 정리

엄복동과 조선 사람들에게 해 주고 싶은 응원의 말이 있니?

_____

_____

야구공과 축구공은 왜 다르게 생긴 걸까?
궁금하면 다음 장을 넘겨 봐! >>>>>

# 동글동글 공에 숨은 비밀

스포츠마다 경기 방법과 승부를 겨루는 방식이 달라서 종목마다 쓰는 공도 달라요. 축구공과 야구공을 비교해 볼까요?

축구는 넓은 운동장에서 발로 차서 공을 주고받으며 상대의 골문에 공을 넣는 경기예요. 공은 동그랄수록 목표 지점에 정확히 다다를 수 있어요. 그래서 축구공은 최대한 동그랗게 만들어요. 우리가 잘 알고 있는 육각형 모양의 조각 20개와 오각형 모양의 조각 12개를 붙여 만든 축구공은 동그란 축구공을 만들기 위해 노력한 과정에서 탄생한 거예요. 요즘에는 조각 수를 줄이면서 더 동그란 공을 만들기 위해 노력하고 있어요.

야구는 투수가 던진 공을 타자가 야구 방망이로 쳐서 점수를 내는 경기예요. 투수는 타자가 치기 어려운 공을 던져야 하는데 이때 중요한 역할을 하는 것이 야구공 겉면에 있는 실밥이에요. 울퉁불퉁한 실밥이 있어서 투수가 공을 꽉 쥘 수 있고, 힘을 실어 세게 던질 수 있어요. 또 공이 날아가는 동안에 실밥에 공기가 부딪치면서 방향과 속도가 변해요. 투수는 공을 던질 때마다 실밥의 위치를 다르게 잡아서 공의 방향과 속도를 조절해요.

㉠공을 사용하는 스포츠를 볼 때 공이 경기하기에 알맞은 생김새인지 살펴보세요. 스포츠가 더 재미있어질 거예요.

**어휘 알기** 색칠한 낱말과 초성을 보고 뜻풀이에 알맞은 낱말을 ___에 쓰세요.

| ㅅ | ㅂ |  이김과 짐.

_____

| ㅅ | ㅂ |  꿰맨 실이 밖으로 드러난 부분.

_____

| ㅈ | ㅈ | ㅎ | ㄷ |  적당하게 맞추어 나가다.

_____

| ㅈ | ㄱ | ㅂ | ㄷ |  서로 주기도 하고 받기도 하다.

_____


**독해력 기르기**

**01** 이 글에 나온 축구공과 야구공에 대한 설명을 찾아 선으로 이으세요.

(1)  축구공  •

(2)  야구공  •

• (개)  겉면에 울퉁불퉁한 실밥이 있다.

• (내)  육각형과 오각형 모양의 조각을 이어서 만든다.


**02** 이 글의 내용으로 알맞으면 ○, 알맞지 않으면 ✕ 하세요.

(1) 축구공을 더 동그랗게 만들기 위한 노력이 이어지고 있다. (     )

(2) 축구공은 동그랄수록 목표 지점에 정확히 다다른다. (     )

(3) 야구공에는 울퉁불퉁한 실밥이 있어서 투수가 공을 꽉 쥘 수 있다. (     )

(4) 야구공의 실밥은 야구공의 방향과 속도에 영향을 주지 않는다. (     )

**03** 축구공과 야구공의 생김새가 다른 까닭을 바르게 설명한 것에 ○ 하세요.

(1) 경기 방법과 승부를 겨루는
방식이 달라서

(2) 축구공과 야구공을 만드는
사람이 달라서

**04** 글쓴이가 말한 ㉠과 거리가 먼 내용을 말하는 친구의 이름을 쓰세요.

(           )

> 현진: 농구공은 겉면이 우툴두툴해서 선수들이 공을 맨손으로 잡아도 미
> 끄럽지 않을 것 같아.
> 보라: 배드민턴공에는 깃털이 달려 있어서 라켓으로 공을 쳤을 때 빠른 속
> 도로 날아갈 것 같아.
> 민우: 탁구공은 작고 가벼워서 싼 가격에 공을 많이 만들 수 있을 것 같아.

**05** 이 글의 내용을 요약했어요. 빈칸에 들어갈 알맞은 말을 쓰세요.

| 처음 | 스포츠마다 경기 방법과 승부를 겨루는 방식이 다르기 때문에 공의 생김새가 다르다. |
|---|---|
| 가운데 | • 공은 동그랄수록 목표한 곳에 정확하게 다다른다. 그래서 ①◻◻◻은 최대한 ②◻◻◻◻ 만든다.<br>• 야구에서 투수는 타자가 치기 어렵게 공을 던진다. 그래서 공이 날아가는 동안 방향과 속도에 변화가 생기도록 야구공의 겉면에 ③◻◻이 드러나게 만든다. |
| 끝 | 공을 이용한 스포츠를 볼 때 공의 생김새를 살펴보면 스포츠가 재미있어질 것이다. |

① _____     ② _____     ③ _____

 **움직임을 나타내는 말**

그림과 뜻풀이에 알맞은 말을 빈칸에 쓰세요.

| 쥐 | 다 |
|---|---|

어떤 것을 손안에 넣은 채로 잡다.

|  |  |  |
|---|---|---|

물건을 팔과 손목을 이용해 멀리 보내다.

|  |  |
|---|---|

손에 든 물건으로 세게 부딪게 하다.

 **모양이 같은 말**

밑줄 친 낱말의 뜻을 찾아 선으로 이으세요.

(1) 공을 발로 <u>차다</u>. •

(2) 얼음이 <u>차다</u>. •

(3) 컵에 물이 가득 <u>차다</u>. •

• (개) 몸에 닿은 물체의 온도가 낮다.

• (내) 발로 내어 지르거나 받아 올리다.

• (대) 일정한 공간에 더 들어갈 수 없이 가득하게 되다.

**토픽 한 줄 정리**   공을 이용하는 스포츠 가운데 제일 좋아하는 종목은?

내가 제일 좋아하는 종목은 _____(이)야.

이 종목에서 쓰는 공의 생김새는 _____

운동을 하는 이유는 무엇일까? 궁금하면 다음 장을 넘겨 봐! >>>>>

# 몸과 마음이 건강해지는 ⓐ 의 힘

가  운동은 어린이의 건강과 성장을 위해 꼭 필요하다. 그래서 운동을 꼭 해야 한다. 운동을 하면 어떤 점이 좋을까?

나  첫째, 몸이 건강해진다. 달리기, 줄넘기 같은 운동을 꾸준히 하면 심장이 튼튼해져 몸 구석구석까지 피를 많이 보낼 수 있다. 그러면 몸의 각 기관에 영양분이 잘 전달되어 체력이 좋아진다. 또 병균을 막아 주는 세포의 수가 늘어 감기 같은 병에 잘 걸리지 않고, 걸리더라도 금방 이겨 낼 수 있다.

다  둘째, 키가 잘 자란다. 운동은 성장판을 자극해 뼈와 근육이 잘 자라게 도와준다. 또 몸속 지방을 태워서 키가 크는 데 방해가 되는 비만을 막을 수 있다.

라  셋째, 마음이 자란다. 축구, 농구처럼 여럿이 함께 하는 운동에는 규칙과 예절이 있다. 규칙과 예절을 지키며 운동을 하다 보면 자연스레 협력하는 태도와 자기가 맡은 역할을 해내는 책임감, 상대를 존중하고 배려하는 태도를 배울 수 있다.

마  넷째, 공부에 도움이 된다. 운동을 하고 나면 스트레스가 줄고, 기억력과 집중력을 높이는 물질이 나와 즐겁게 공부할 수 있다.

바  운동을 하면 몸뿐만 아니라 마음도 더불어 건강해진다. 아직도 손에 스마트폰을 들고 있다면 당장 내려놓고 나가서 운동을 하자.

**어휘 알기**　색칠한 낱말과 초성을 보고 뜻풀이에 알맞은 낱말을 ____에 쓰세요.

| ㅎ | ㄹ | 힘을 합하여 서로 도움. | _____ |

| ㅊ | ㄹ | 몸을 움직여 어떤 일을 할 수 있는 힘. | _____ |

| ㅅ | ㅈ | ㅍ | 팔다리뼈 양쪽 끝에 있는, 뼈가 자라는 부분. | _____ |

**독해력 기르기**

**01** ㉠에 들어갈 말로 알맞은 것은 무엇인가요? (　　　)

① 공부　　　② 달리기　　　③ 운동　　　④ 친구　　　⑤ 성장

**02** 글쓴이의 주장으로 알맞은 것에 ○ 하세요.

(1)
> 스마트폰 사용을
> 줄이자!

(2)
> 어린이의 건강과 성장을
> 돕는 운동을 하자!

**03** 가~바 문단을 글의 짜임에 맞게 나누어 기호를 쓰세요.

| 서론 | 본론 | 결론 |
|---|---|---|
| 주장이 무엇인지 드러나는 부분 | 주장에 대한 이유나 근거를 제시하는 부분 | 앞의 내용을 요약하고 주장을 강조하는 부분 |
|  |  | 바 |

> 주장하는 글은 서론-본론-결론의 짜임을 가지고 있어.

**04** 글쓴이가 운동의 좋은 점으로 말하지 <u>않은</u> 것은 무엇인가요? (        )

① 운동을 하면 비만을 막을 수 있다.

② 운동을 하면 몸이 튼튼해진다.

③ 운동을 하면 친구가 많아진다.

④ 운동을 하면 공부에 도움이 된다.

⑤ 운동을 하면 키가 크는 데 도움이 된다.

**05** 이 글을 바르게 이해한 친구의 이름을 쓰세요. (                )

> 지우: 운동을 하면 키도 크고 공부도 잘하게 된다고 했으니, 오늘부터 학원에
> 가는 대신 운동만 할 거야.
> 가희: 운동을 통해 얻을 수 있는 게 정말 많구나. 오늘부터 하루에 30분씩 꾸
> 준히 운동을 해야지.

**06** 이 글의 내용을 요약했어요. 빈칸에 들어갈 알맞은 말을 쓰세요.

| 서론 | 운동은 어린이의 ①◻◻과 성장에 꼭 필요하다. |
|---|---|
| 본론 | 운동을 하면 좋은 점이 많다. 첫째, 체력이 좋아져서 ②◻에 쉽게 걸리지 않는다. 둘째, ③◻가 잘 자라고, 비만을 막을 수 있다. 셋째, 협력하는 태도, 책임감, 배려심을 키울 수 있다. 넷째, 기억력과 집중력이 높아져 공부에 도움이 된다. |
| 결론 | 운동을 하면 몸과 마음이 건강해지니 당장 운동을 하자. |

① _____    ② _____    ③ _____

## 뜻이 비슷한 말

글자를 모아 밑줄 친 말과 뜻이 비슷한 말을 만들어 빈칸에 쓰세요.

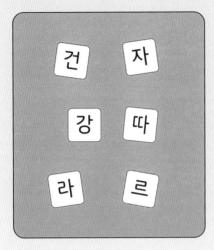

건 자
강 따
라 르

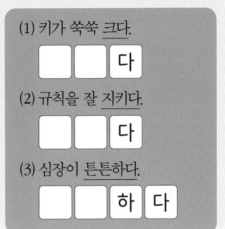

(1) 키가 쑥쑥 크다.

☐ ☐ 다

(2) 규칙을 잘 지키다.

☐ ☐ 다

(3) 심장이 튼튼하다.

☐ ☐ 하 다

## 올바른 표기

알맞은 말에 ○ 하세요.

(1) 간식으로 떡볶이( 을 , 를 ) 먹었다.

(2) 선물로 예쁜 신발( 을 , 를 ) 받았어.

(3) 주말에 친구( 을 , 를 ) 만나러 갈 거야.

(4) 내 친구는 노래( 을 , 를 ) 정말 잘 불러.

'을'과 '를'을 쓸 때는 앞말에
받침이 있는지, 없는지를 살펴봐야 해.
앞말에 받침이 없을 때는 '를',
받침이 있을 때는 '을'을 써.

## 토픽 한 줄 정리    일주일 동안의 운동 계획을 세워 봐!

내가 하고 싶은 운동은 _____(이)야.

일주일 가운데 _____에 운동할 거야.

운동을 해서 얻고 싶은 효과는 _____

## 1일 이상한 나라의 앨리스 11-13쪽

**어휘 알기**

통과, 헛디디다, 까마득하다

**독해력 기르기**

**01** 앨리스  **02** ⑤

**03** (1)-(가), (다) (2)-(나)

**04** (2) ○

**05** (1) ○

**06** ① 앨리스 ② 케이크 ③ 작아졌다

**어휘력 더하기**

**이름을 나타내는 말** 정원, 천장, 웅덩이

**헷갈리는 말** (1) 작아 (2) 적게 (3) 작은

---

| 독해력 기르기 |

**01** 이 글은 앨리스에게 일어난 일을 중심으로 이야기가 펼쳐지므로, 주인공은 앨리스입니다.

**02** 앨리스는 탁자 위에 황금 열쇠가 있다는 걸 깨닫고 실망합니다. 몸이 작아져서 문을 통과할 수 있게 되었지만, 탁자 위의 열쇠는 집을 수 없었기 때문입니다.

**03** 앨리스는 음료수를 마시고, 부채를 집어 들자 몸이 점점 작아졌습니다. 케이크를 먹고는 몸이 점점 커졌습니다.

**04** 제시된 그림은 앨리스가 몸이 커져서 울상을 짓고 있는 모습입니다. 그러므로 이 장면이 들어 있는 문단으로 알맞은 것은 나 문단입니다.

**05** 앨리스는 몸이 커졌다 작아졌다 하는 이상한 곳에서 특별한 경험을 합니다. 이런 곳에서 앨리스가 어떤 모험을 할지 뒷이야기를 궁금해하는 (1)은 알맞은 감상입니다. 앨리스가 병에 걸려 몸이 커졌다 작아졌다 한 것은 아니므로 (2)는 알맞지 않은 감상입니다.

**06** 앨리스가 겪은 일을 중심으로 글의 내용을 요약해 봅니다.

| 어휘력 더하기 |

**이름을 나타내는 말** 이름을 나타내는 말은 보통 '명사'라고 합니다. 글에 나온 '정원, 천장, 웅덩이'의 뜻을 익혀 봅니다.

**헷갈리는 말** (1)은 키의 크기, (3)은 가방의 크기에 대한 내용이므로 '작다'를 쓰고, (2)는 용돈의 금액이 일정한 기준에 미치지 못했다는 내용이므로 '적다'를 씁니다.

---

## 2일 놀랍고 신비한 상상 동물 15-17쪽

**어휘 알기**

잿더미, 받들다, 남다르다

**독해력 기르기**

**01** (1) ○ (2) × (3) ×

**02** (1)-(가), (나), (라) (2)-(다)

**03** (1) ○

**04** 유림

**05** ① 동물 ② 용 ③ 불사조

**어휘력 더하기**

**이름을 나타내는 말** (1)-(나) (2)-(가)

**헷갈리는 말** (1) 꽁지 (2) 꼬리 (3) 꽁지, 꼬리

---

| 독해력 기르기 |

**01** 상상 동물은 실제 세상에서 볼 수 없는 상상의 동물이고, 용과 피닉스뿐만 아니라 신화나 전설 속에는 많은 상상 동물이 있습니다.

**02** 용은 바람, 구름, 비를 부를 수 있어 우리나라에서는 물의 뜻이 담긴 '미르'라고도 불렸습니다. 용은 뱀, 낙타, 사슴, 호랑이, 매 등 여러 동물의 모습을 닮았습니다. 피닉스는 500년에 한 번씩 죽었다가 다시 태어난다는 상상 동물입니다.

**03** ㉠은 우리나라, 중국, 일본 등의 나라에서는 용을 신처럼 생각했다는 내용입니다. 그러므로 ㉠의 예로 알맞은 것은 어부들이 용에게 바다에서 안전하게 물고기를 잡게 해 달라며 제사를 지냈다는 (1)의 내용입니다.

**04** ㉡은 신화나 전설에 상상 동물이 많이 나온다는 내용입니다. 그러므로 과학책에서 깊은 바다에 사는 생김새가 이상한 물고기를 봤다는 유림이의 말은 ㉡의 예로 알맞지 않습니다.

**05** 용과 피닉스를 중심으로 글의 내용을 요약해 봅니다.

| 어휘력 더하기 |

**이름을 나타내는 말** 봉황과 해태는 우리나라의 상상 동물입니다. 옛 사람들이 만든 물건이나 그림에서 볼 수 있습니다.

**헷갈리는 말** (1)의 공작은 새이므로 '꽁지'를 쓰고, (2)의 구미호는 새가 아닌 동물이므로 '꼬리'를 씁니다. (3)의 수탉은 새이므로 '꽁지', 강아지는 새가 아닌 동물이므로 '꼬리'를 씁니다.

## 3일 까막 나라 불개
19-21쪽

**어휘 알기**

금세, 일식, 월식

**독해력 기르기**

**01** 임금, 불개들    **02** (1) ○ (2) ○ (3) ✕

**03** ③

**04** (2) ○

**05** (1) ○

**06** ① 빛 ② 해 ③ 달

**어휘력 더하기**

**관용 표현** (1)-(나) (2)-(개) (3)-(대)

**올바른 표기** (1) 덥석 (2) 접시 (3) 책상

---

| **독해력 기르기** |

**01** 이 글에는 까막 나라 임금과 불개들만 등장하여 이야기가 전개됩니다.

**02** 까막 나라는 빛이 없어서 온통 깜깜합니다. 그래서 까막 나라 임금은 불개들에게 해와 달을 물어 오라고 했으나 불개들은 해는 뜨거워서, 달은 차가워서 물어 오지 못했습니다. 그러므로 (3)은 알맞지 않습니다.

**03** 까막 나라 임금은 까막 나라에 빛을 얻고 싶어 불개들에게 해와 달을 물어 오라고 시켰습니다.

**04** ㉠은 원하는 일을 이루지 못하고 실망한 마음을 표현한 것이므로, (2)의 설명이 알맞습니다.

**05** 「까막 나라 불개」는 불개들이 해와 달을 물어 오려다 일식과 월식이 생겼다는 이야기입니다. 따라서 옛사람들이 「까막 나라 불개」 이야기를 상상한 까닭을 바르게 말한 것은 (1)입니다.

**06** 불개들이 한 일을 중심으로 글의 내용을 요약해 봅니다.

| **어휘력 더하기** |

**관용 표현** (개)는 군인들이 하얀 깃발을 들고 무릎을 꿇고 있는 것으로 보아 항복을 하는 모습입니다. (나)는 임금님이 무릎을 탁 치는 것으로 보아 어떤 사실을 깨닫거나 알게 되는 모습입니다. (대)는 엄마와 아이가 다정하게 무릎을 마주하고 있는 모습입니다.

**올바른 표기** 받침 'ㅂ'이 'ㅅ'을 만나면 'ㅅ'은 [씨]으로 소리가 나지만, 글자를 쓸 때는 'ㅅ'을 살려서 써야 합니다.

---

## 4일 동화 나라를 닮은 구엘 공원에 다녀와서
23-25쪽

**어휘 알기**

타일, 광장, 전망대

**독해력 기르기**

**01** 여행    **02** ㉮→㉰→㉱→㉯

**03** (1) ○ (2) ○ (3) ✕ (4) ○    **04** (2) ○

**05** (1)-(개) (2)-(대) (3)-(개) (4)-(나) (5)-(대)

**06** ① 구엘 ② 모자이크 ③ 동화

**어휘력 더하기**

**낱말의 관계** 소중하다 ⊜ 귀중하다, 도착하다 ⊖ 출발하다, 장식하다 ⊜ 꾸미다, 구불구불하다 ⊖ 반듯반듯하다

**헷갈리는 말** (1) 걷히자 (2) 걷히자 (3) 거쳐야

---

| **독해력 기르기** |

**01** 이 글은 글쓴이가 스페인의 구엘 공원을 다녀온 뒤 쓴 기행문입니다.

**02** 글쓴이는 공원 입구의 과자 집을 닮은 건물을 거쳐 광장 아래 계단에서 도마뱀 분수를 봅니다. 이어 광장으로 올라가서 모자이크로 장식된 긴 의자를 보고, 전망대에 올라갑니다.

**03** 자연을 소중히 여긴 가우디는 구엘 공원을 지을 때 산을 깎지 않고 원래 모양을 최대한 살려서 만들었다는 아빠의 말이 있으므로, (3)은 알맞지 않은 내용입니다.

**04** (1)은 구엘 공원 입구에 있는 과자 집을 닮은 건물이고, (3)은 구엘 공원의 도마뱀 분수입니다. (2)는 놀이터 사진으로 글쓴이가 간 곳과 관련이 없습니다.

**05** 글쓴이가 보고, 듣고, 느낀 것은 무엇인지 구분하여 봅니다. ㉠과 ㉢은 본 것, ㉡과 ㉲은 느낀 것, ㉣은 들은 것입니다.

**06** 글의 내용을 처음, 가운데, 끝의 세 부분으로 요약해 봅니다.

| **어휘력 더하기** |

**낱말의 관계** '소중하다'와 '귀중하다', '장식하다'와 '꾸미다'는 뜻이 비슷한 말입니다. '도착하다'와 '출발하다', '구불구불하다'와 '반듯반듯하다'는 뜻이 서로 반대되는 말입니다.

**헷갈리는 말** (1)과 (2)는 먹구름, 안개가 걷힌다는 뜻이므로 '걷히다'의 활용형인 '걷히자'로 쓰고, (3)은 문방구를 지나쳐 가야 한다는 뜻이므로 '거치다'의 활용형인 '거쳐야'를 씁니다.

## 5일 상상이 이루어지는 곳, 메타버스
27-29쪽

**어휘 알기**

대신하다, 생생하다, 가상 세계

**독해력 기르기**

01 (1)-(가) (2)-(대) (3)-(나)
02 (1) ○ (2) ○ (3) ×
03 ④
04 ㉠
05 ① 메타버스 ② 시간 ③ 아바타

**어휘력 더하기**

**뜻이 비슷한 말** (1) 관계없는 (2) 나아지고
**뜻을 더하는 말** 전시(관), 도서(관), 영화(관)

| 독해력 기르기 |

01 ㉮ 문단은 메타버스에서 다양한 세상을 경험할 수 있다는 내용이고, ㉯ 문단은 메타버스에서는 시간과 장소에 상관없이 상상하는 일들을 할 수 있다는 내용이고, ㉰ 문단은 아바타를 이용해 메타버스에서 다양한 활동을 할 수 있다는 내용입니다.
02 메타버스는 뛰어넘는다는 뜻의 '메타'와 세계를 뜻하는 '유니버스'를 합쳐 만든 말입니다.
03 메타버스에서는 나를 대신하여 아바타가 가상 세계에서 활동을 합니다. 메타버스에서 활동하기 위해 옷을 고르고, 메타버스 교실에 친구들이 모여 있다는 내용을 통해 빈 곳에 들어갈 말은 '아바타'라는 것을 짐작할 수 있습니다.
04 오감 기술의 개발로 메타버스에서 더 생생한 체험을 할 수 있다는 내용이므로, 제시된 글은 ㉠과 관련 있는 내용입니다.
05 메타버스에 대한 설명을 중심으로 글의 내용을 요약해 봅니다.

| 어휘력 더하기 |

**뜻이 비슷한 말** '상관없는'은 관련이 없다는 뜻으로 '관계없는'과 뜻이 비슷하고, '발전하고'는 더 좋은 상태로 나아간다는 뜻으로 '나아지고'와 뜻이 비슷합니다.
**뜻을 더하는 말** '관'은 어떤 낱말 뒤에 붙어 '건물', '기관'의 뜻을 더하는 말입니다. 전시관, 도서관, 영화관은 모두 '관'이 붙어 만들어진 낱말입니다.

## 1일 여우 누이
33-35쪽

**어휘 알기**

떠돌다, 막다르다, 섬뜩하다

**독해력 기르기**

01 오빠, 누이
02 ( ㉯ )→㉰→㉱→㉮→㉲
03 (1) ○ (2) × (3) ×　　04 (2) ○
05 (1)-(대) (2)-(나) (3)-(가)
06 ① 누이 ② 여우 ③ 하얀

**어휘력 더하기**

**흉내 내는 말** (1)-(나) (2)-(가) (3)-(대)
**합쳐진 말** 가시+덤불, 불+바다

| 독해력 기르기 |

01 이 글은 오빠가 여우 누이를 물리치는 내용을 중심으로 전개됩니다. 따라서 중심인물은 오빠와 누이입니다.
02 오빠는 누이가 가축을 잡아먹는 모습을 보고 부모에게 말하지만 부모는 오히려 오빠를 쫓아냅니다. 집에서 쫓겨난 오빠는 떠돌다 좋은 각시를 만나 혼인을 합니다.
03 오빠는 쫓아오는 여우 누이를 피해 달아나면서 파란 병, 하얀 병, 빨간 병을 던져 위기에서 벗어납니다. 여우는 빨간 병에서 나온 불길에 휩싸여 죽습니다. 따라서 (2)와 (3)은 틀린 내용입니다.
04 누이는 오빠를 해칠 속셈으로 밥을 해 준다며 붙잡은 것입니다.
05 파란 병을 던지자 물이 쏟아져 시퍼런 강이 펼쳐졌고, 하얀 병을 던지자 하얀 가시가 나와 새하얀 덤불을 이루었고, 빨간 병을 던지자 새빨간 불길이 타올라 불바다가 되었습니다.
06 오빠가 겪은 일을 중심으로 글의 내용을 요약해 봅니다.

| 어휘력 더하기 |

**흉내 내는 말** (1)은 모닥불이 타오르는 모습으로 '이글이글'이 어울리고, (2)는 실이 엉켜 있는 모습으로 '얼키설키'가 어울리고, (3)은 배가 파도를 타는 모습으로 '넘실넘실'이 어울립니다.
**합쳐진 말** '가시덤불'은 '가시'와 '덤불'로, '불바다'는 '불'과 '바다'로 나눌 수 있습니다.

**어휘 알기**

촬영, 영상, 착용

**독해력 기르기**

01 (2) ○
02 (1)-(나) (2)-(가) (3)-(다)
03 (1) × (2) ○ (3) ×     04 ㉣
05 (2) ○
06 ① 크로마키 ② 피부색 ③ 초록색

**어휘력 더하기**

**뜻이 비슷한 말** (1) 촬영(하다) (2) 지우(다) (3) 조심(하다)
**틀리기 쉬운 말** (1) ⃝ (2) ⊠ (3) ⃝ (4) ⊠

| **독해력 기르기** |

01 크로마키는 컴퓨터 그래픽의 하나로, 따로 찍은 두 개의 화면을 하나의 장면으로 만드는 기술입니다.
02 ㉮ 문단에서는 크로마키의 뜻, ㉯ 문단에서는 크로마키를 만드는 방법, ㉰ 문단에서는 크로마키에 초록색 같은 푸른색을 배경으로 쓰는 이유를 설명합니다.
03 크로마키는 영화뿐만 아니라 일기 예보, 뉴스, 인터넷 방송에서도 자주 사용하고, 크로마키를 촬영할 때 배경과 비슷한 색깔의 옷을 입으면 옷도 함께 지워지기 때문에 다른 색깔의 옷을 입어야 한다고 했으므로 (1)과 (3)은 틀린 내용입니다.
04 제시된 그림은 따로 찍은 두 개의 화면을 하나로 합치고 있는 모습으로, ㉣을 설명한 그림입니다.
05 크로마키에서 배경으로 푸른색을 사용하는 이유는 사람의 피부색과 차이가 뚜렷해서 배경을 쉽게 없앨 수 있기 때문입니다.
06 글의 내용을 처음, 가운데, 끝의 세 부분으로 요약해 봅니다.

| **어휘력 더하기** |

**뜻이 비슷한 말** '찍다'와 '촬영하다'는 어떤 대상을 촬영기로 찍는다는 뜻이 있고, '없애다'와 '지우다'는 보이지 않게 없앤다는 뜻이 있습니다. '주의하다'와 '조심하다'는 잘못이나 실수가 없게 말이나 행동에 마음을 쏟는다는 뜻이 있습니다.
**틀리기 쉬운 말** '날다'에 '-는'을 붙여서 쓸 때, '날'의 받침인 'ㄹ'은 빼고 써야 하므로, (2)와 (4)의 '날으는'은 '나는'으로 써야 합니다.

---

**어휘 알기**

찬사, 연작, 선보이다

**독해력 기르기**

01 빛       02 (1) ○
03 ①, ④      04 ㉮
05 (2) ○
06 ① 모네 ② 빛 ③ 색

**어휘력 더하기**

**낱말의 반대말** 멈추다-계속하다, 밝다-어둡다, 같다-다르다
**헷갈리는 말** (1) 빚 (2) 빛

| **독해력 기르기** |

01 모네는 같은 물체도 빛에 따라 다르게 보인다는 것을 깨닫고, 빛에 따라 달라지는 색을 그림에 담고 싶어 했습니다.
02 모네는 아침, 점심, 저녁의 빛, 사계절의 빛이 다르다고 생각하여 한 풍경을 시간과 계절의 흐름에 따라 여러 장을 그렸습니다.
03 모네는 빛을 그림에 담고 싶어 했으므로 풍경을 직접 보면서 그림을 그렸고, 건초 더미 연작 이외에도 포플러 나무 연작, 루앙 대성당 연작, 수련 연작 등 빛과 색을 표현하는 많은 그림들을 그렸으므로 ①과 ④가 맞는 내용입니다.
04 모네는 몇 년에 걸쳐서 건초 더미 연작을 그렸다고 했으므로, ㉮는 틀린 내용입니다.
05 모네는 빛의 변화에 따라 달라지는 풍경을 그려 사람들에게 빛의 아름다움을 느끼게 했습니다. 따라서 모네를 어리석다고 평가한 (1)의 내용은 알맞지 않습니다.
06 모네가 한 일을 중심으로 글의 내용을 요약해 봅니다.

| **어휘력 더하기** |

**낱말의 반대말** '멈추다'와 '계속하다', '밝다'와 '어둡다', '같다'와 '다르다'가 서로 뜻이 반대되는 말입니다.
**헷갈리는 말** (1)은 농부가 도깨비에게 갚아야 할 것이 있다는 내용이므로 '빚'이 맞는 말이고, (2)는 햇빛이 비치자 물결이 빛났다는 내용이므로 '빛'이 맞는 말입니다.

색의 잔상 실험 보고서    45-47쪽

**어휘 알기**

자극, 시선, 반대색

**독해력 기르기**

**01** (1) ○    **02** (1) × (2) × (3) ○
**03** (1) ○
**04** (1)-(다) (2)-(나) (3)-(가) (4)-(라)
**05** 정우
**06** ① 잔상 ② 반대색 ③ 자극

**어휘력 더하기**

**색깔을 나타내는 말** (1)-(가) (2)-(나) (3)-(라) (4)-(다)
**헷갈리는 말** (1) 틀렸어 (2) 달라 (3) 다르다

색깔을 보면 나라가 보여요    49-51쪽

**어휘 알기**

자연환경, 헌신하다, 지하자원

**독해력 기르기**

**01** 색깔
**02** (1) ○ (2) × (3) ○
**03** ⑤
**04** (1)-(다) (2)-(라) (3)-(가) (4)-(나)
**05** ① 색깔 ② 검정 ③ 국기

**어휘력 더하기**

**국(國)이 들어간 낱말** (국)어, (국)토, (국)화
**모양이 같은 말** (1)-(나) (2)-(가) (3)-(다)

---

| 독해력 기르기 |

**01** 이 글은 직접 실험을 한 뒤에 실험 과정과 결과를 쓴 실험 보고서입니다.

**02** 태극기 그림을 10초 정도 바라본 뒤에 흰 종이를 보았습니다. 실험 결과 잔상은 순간적으로 나타났다가 사라졌습니다.

**03** 더 알고 싶은 점에는 실험 내용과 관련하여 궁금하거나 알고 싶은 내용을 써야 합니다. (2)는 색의 잔상 실험과 관련이 없는 내용이므로 알맞지 않습니다.

**04** 색의 잔상은 반대색으로 보입니다. 따라서 태극기의 검은색은 흰색, 흰색은 검은색, 초록색은 붉은색, 주황색은 푸른색으로 잔상이 보입니다.

**05** 잔상은 시선에 따라 같이 움직이므로 유림이는 실험 결과를 잘못 알고 말했습니다.

**06** 실험 과정과 결과를 중심으로 글의 내용을 요약해 봅니다.

| 어휘력 더하기 |

**색깔을 나타내는 말** 하얀색, 검은색, 푸른색, 붉은색을 나타내는 여러 낱말을 익혀 봅니다.
**헷갈리는 말** (1)은 답이 맞지 않다는 뜻이므로 '틀리다'의 활용형인 '틀렸어'를 쓰고, (2)와 (3)은 두 대상이 서로 같지 아니하다는 뜻이므로 각각 '다르다'의 활용형 '달라'와 '다르다'를 써야 합니다.

| 독해력 기르기 |

**01** 이 글은 국기에 자주 사용되는 색깔인 빨강, 노랑, 파랑과 초록, 검정에 어떤 뜻이 담겨 있는지 설명하는 글입니다.

**02** 나라마다 국기의 무늬와 모양은 모두 다릅니다.

**03** 이 글에서 설명한 국기에 사용된 색깔 중 하양은 없습니다.

**04** 빨강은 태양, 힘, 피를 뜻하는 색깔로, 힘세고 잘사는 나라가 되고 싶은 바람이 담겨 있습니다. 노랑은 풍요로움을 뜻하는 색깔로, 황금처럼 빛나는 나라가 되기를 바라는 마음이 담겨 있습니다. 파랑과 초록은 자연을 뜻하는 색깔로, 바다, 강, 초원 등 아름다운 자연환경을 가진 나라의 국기에 많습니다. 검정은 아프리카 대륙을 나타내는 색으로, 스스로를 자랑스러워하는 아프리카인들의 마음이 담겨 있습니다.

**05** 글의 내용을 처음, 가운데, 끝의 세 부분으로 요약해 봅니다.

| 어휘력 더하기 |

**국(國)이 들어간 낱말** '나라 국(國)' 자는 국가의 뜻을 가지고 있어서 국어, 국토, 국화 등 국가와 관련된 낱말에 사용합니다.
**모양이 같은 말** (1)에서 '쓰다'는 약의 맛과 관련된 내용이므로 맛이 약이나 씀바귀 등의 맛과 같다는 뜻이고, (2)에서 '쓰다'는 마스크를 얼굴에 덮어쓴다는 내용이므로 얼굴에 어떤 물건을 걸거나 덮어쓴다는 뜻입니다. (3)에서 '쓰다'는 삼각자를 사용한다는 내용이므로 어떤 일을 하는 데에 재료나 도구, 수단을 이용한다는 뜻입니다.

**100** 토픽으로 잡는 똑똑한 초등 독해

해답·해설 **3주** 게으름

## 1일 게으름뱅이 잭
55-57쪽

**어휘 알기**

으름장, 양지바르다, 참다못하다

**독해력 기르기**

01 (1) ○    02 ㉮ 양계장 ㉯ 정육점
03 (1)-(대) (2)-(개) (3)-(래) (4)-(나)
04 (2) ○
05 동민
06 ① 우유 ② 어머니 ③ 웃음

**어휘력 더하기**

**움직임을 나타내는 말** (1)-(개) (2)-(대) (3)-(나)
**모양이 같은 말** (1)-(대) (2)-(개) (3)-(나)

| 독해력 기르기 |

01 잭은 아주 게을렀습니다. 참다못한 어머니가 일하지 않으면 내쫓겠다고 으름장을 쳐 잭은 일하러 나가게 되었습니다.

02 잭은 목장, 양계장, 정육점, 농장에서 차례로 일을 했습니다.

03 잭은 우유를 받은 뒤 주머니에 넣어 집에 왔고, 닭을 받은 뒤에는 머리에 이고 왔습니다. 고기를 받은 뒤에는 고기를 줄에 묶어 끌고 왔고, 당나귀를 받은 뒤에는 어깨에 메고 왔습니다.

04 잭이 무거운 당나귀를 어깨에 메고 온 까닭은 전날 잭이 고기를 끌고 와서 고기가 더러워지자, 어머니가 어깨에 메고 왔어야 한다고 말한 것을 떠올리고 한 행동입니다.

05 잭은 일하고 받아 온 닭을 머리에 이고 오다가 놓치고 맙니다. 따라서 닭을 집에 가져왔다고 이야기한 정우는 내용을 바르게 이해하지 못했습니다. 잭이 부자의 딸과 결혼해서 부지런해졌다는 내용은 나오지 않으므로 슬기도 내용을 바르게 이해하지 못했습니다.

06 잭이 한 일을 중심으로 글의 내용을 요약해 봅니다.

| 어휘력 더하기 |

**움직임을 나타내는 말** (1)은 닭을 머리에 이고 있는 그림이고, (2)는 고기를 끌고 가는 그림이고, (3)은 당나귀를 어깨에 메고 있는 그림입니다.

**모양이 같은 말** (1)에서 '짜다'는 계획을 세우거나 프로그램을 만든다는 뜻이고, (2)에서 '짜다'는 비틀거나 눌러서 빼낸다는 뜻이고, (3)에서 '짜다'는 소금이나 간장 같은 맛이 있다는 뜻입니다.

## 2일 나무늘보, 게으름쟁이일까?
59-61쪽

**어휘 알기**

진화, 보호색, 포유동물

**독해력 기르기**

01 (1) ○    02 ④
03 (1) ○ (2) ○ (3) × (4) ×
04 ④, ⑤
05 진만
06 ① 이끼 ② 천적 ③ 먹이

**어휘력 더하기**

**뜻을 더하는 말** 엄살(쟁이), 고집(쟁이), 겁(쟁이)
**준말** 쏘이다-쐬다, 뜨이다-띄다

| 독해력 기르기 |

01 이 글은 나무늘보가 느리게 행동하는 까닭에 대해 설명하는 글입니다.

02 이 글에서는 나무늘보가 사는 곳, 나무늘보의 먹이와 털 색깔 등을 설명하며 나무늘보가 느리게 행동하는 이유에 대해 알려 주고 있습니다. 나무늘보를 잡아먹는 천적에 대한 설명은 이 글에 나오지 않습니다.

03 나무늘보는 땅에서는 잘 걷지 못하고, 다른 포유동물보다 체온이 낮아서 체온을 유지하는 데 에너지를 덜 씁니다.

04 나무늘보는 느리게 움직여서 에너지가 많이 필요하지 않기 때문에 먹이를 조금만 먹어도 됩니다. 나무늘보는 잘 움직이지 않아서 보호색 역할을 하는 이끼가 몸에 잘 끼게 됩니다.

05 나무늘보가 느리게 행동하는 이유는 자연의 세계에서 살아남기 위해서입니다. 그러므로 나무 위에서 사는 게 위험하니 땅에서 살았으면 좋겠다는 소라와 게으름을 피우다 멸종하게 될 거라는 가영이는 이 글을 바르게 이해하지 못했습니다.

06 나무늘보가 느리게 행동하는 까닭을 중심으로 글의 내용을 요약해 봅니다.

| 어휘력 더하기 |

**뜻을 더하는 말** '-쟁이'는 어떤 낱말 뒤에 붙어 '그런 성질이 많은 사람'이라는 뜻을 더합니다. 엄살쟁이, 고집쟁이, 겁쟁이는 모두 '-쟁이'가 붙어 만들어진 낱말입니다.

**준말** '쏘이다'의 준말은 '쐬다', '뜨이다'의 준말은 '띄다'입니다.

## 3일 소가 된 게으름뱅이

63-65쪽

**어휘 알기**

탈, 후회, 오두막

**독해력 기르기**

01 ( ㉤ )→㉣→㉮→㉯→㉰
02 (1) ○ (2) × (3) ○
03 (2) ○
04 ③
05 ① 소 ② 일 ③ 게으름

**어휘력 더하기**

**부지런함에 대한 속담** (1) 돌, 이끼 (2) 거지
**틀리기 쉬운 말** (1) 한번 (2) 한 번 (3) 한번

---

| 독해력 기르기 |

01 게으름뱅이는 아내가 일하는 동안에도 게으름을 피우다, 아내가 일하러 간 사이 집에 있는 베를 팔아 놀고먹을 생각을 했습니다. 게으름뱅이는 베를 팔러 가는 길에 소 머리 탈을 만드는 노인을 만나서 탈을 써 봤다가 소가 되었습니다. 노인은 소가 된 게으름뱅이를 장에 가서 농부에게 팔았습니다.

02 소가 된 게으름뱅이는 날이 춥거나 더울 때도 쉴 새 없이 일했으므로 (2)는 알맞지 않습니다.

03 게으름뱅이는 무를 먹으면 죽는다는 노인의 말을 떠올리고 죽을 작정으로 무를 먹었습니다. 이는 게으름뱅이가 게으름을 부렸던 것이 후회되고, 소가 된 처지가 슬프고 비참해 죽고 싶은 마음이 들었기 때문입니다.

04 이 글은 게으름뱅이가 소가 되었다가 게으름 부렸던 과거를 반성하는 내용을 중심으로 전개됩니다. 따라서 이 글의 교훈으로 ③의 내용이 알맞습니다.

05 게으름뱅이가 겪은 일을 중심으로 글의 내용을 요약해 봅니다.

| 어휘력 더하기 |

**부지런함에 대한 속담** 게으름을 경계하고 부지런해야 좋은 일이 생긴다는 뜻의 우리 속담을 알아봅니다.

**틀리기 쉬운 말** (1)과 (3)은 어떤 일을 시험 삼아 해 보거나 일단, 우선의 뜻이므로 '한번'이 맞고, (2)는 일의 횟수가 딱 한 번임을 뜻하므로 '한 번'이 맞습니다.

## 4일 게으름 속담 조사 보고서

67-69쪽

**어휘 알기**

속담, 김매기, 가늠하다

**독해력 기르기**

01 (2) ○  02 ④  03 ㉡  04 (1) × (2) ○ (3) ○
05 (1) 봄에 하루 놀면 겨울에 열흘 굶는다
    (2) 게으름뱅이는 해 질 녘이 바쁘다
06 ① 속담 ② 농사 ③ 지혜

**어휘력 더하기**

**낱말의 관계** 바쁘다 ↔ 한가하다, 나무라다 ↔ 칭찬하다,
부족하다 ≡ 모자라다, 후회하다 ≡ 뉘우치다
**헷갈리는 말** (1) 목 (2) 목 (3) 몫

---

| 독해력 기르기 |

01 이 글은 옛사람들이 게으름에 대해 어떻게 생각했는지 알아보기 위하여 게으름과 관련한 속담을 조사하여 쓴 조사 보고서입니다.

02 속담을 조사하여 무엇을 알아보고자 하는지를 밝히므로 ④의 조사 목적이 맞습니다.

03 이 글의 조사 방법을 살펴보면 속담 사전을 통해 게으름에 관한 속담을 찾아보았다는 것을 알 수 있습니다.

04 게으름을 부려 농사를 망치지 말라는 내용의 속담과 게으름 부리는 사람을 나무라는 내용의 속담이 많은 것으로 보아 옛날에는 게으름뱅이를 좋게 보지 않았다는 것을 알 수 있습니다. 이 조사를 통해 옛날에 게으름뱅이가 많았는지 적었는지를 알 수는 없습니다.

05 (1)은 봄에 게으르게 지내고 겨울에 구걸하는 모습이므로, 봄에 하루 놀면 겨울에 열흘 굶는다라는 속담이 어울립니다. (2)는 낮에 놀고 저녁때가 되어서야 일하는 모습이므로, '게으름뱅이는 해 질 녘이 바쁘다라는 속담이 어울립니다.

06 게으름 속담 조사 결과를 중심으로 글의 내용을 요약해 봅니다.

| 어휘력 더하기 |

**낱말의 관계** '바쁘다'와 '한가하다', '나무라다'와 '칭찬하다'는 뜻이 서로 반대되는 말입니다. '부족하다'와 '모자라다', '후회하다'와 '뉘우치다'는 뜻이 비슷한 말입니다.

**헷갈리는 말** (1)과 (2)는 입 안쪽에 나 있는 구멍의 뜻을 지니고 있으므로 '목'이 맞고, (3)은 무엇을 여럿으로 나누어 가지는 각 부분의 뜻을 지니고 있으므로 '몫'이 맞습니다.

## 5일 게으름이 만든 발명품  71-73쪽

### 어휘 알기
궁리, 마찬가지, 조작하다

### 독해력 기르기
**01** (1) ○
**02** (1)-㈎ (2)-㈏
**03** (2) ○
**04** 희원
**05** ① 발명품 ② 샌드위치 ③ 리모컨

### 어휘력 더하기
**뜻이 비슷한 말** 유익한, 투덜거렸어, 굉장한, 최초
**뜻을 더하는 말** 발명(품), 장식(품)

---

| 독해력 기르기 |

**01** 이 글은 게으름 덕분에 탄생한 발명품에 대해 설명한 글이므로 (1)의 제목이 적절합니다.
**02** ㈎는 샌드위치로, 샌드위치 백작이 카드 게임을 하면서 먹을 수 있는 음식을 궁리하다 만들었습니다. ㈏는 리모컨으로, 유진 폴리라는 기술자가 텔레비전 앞으로 가서 다이얼을 돌리는 것을 귀찮아하는 사람들을 위해 만들었습니다.
**03** 주변의 소음을 차단시켜 음악 등의 소리를 잘 듣게 해 주는 이어폰은 게으름이 발명으로 이어진 예로 적절하지 않습니다.
**04** 글쓴이는 귀찮은 일을 편하게 할 수 있는 방법을 찾는 과정에서 놀라운 발견을 할 수 있다며 게으름을 나쁘게만 바라보지 않았습니다. 따라서 느긋하고 여유롭게 지내는 것이 창의적인 생각을 하는 데 도움이 될 수도 있다고 말한 희원이가 글쓴이와 비슷한 생각을 가졌습니다.
**05** 글의 내용을 처음, 가운데, 끝의 세 부분으로 요약해 봅니다.

| 어휘력 더하기 |

**뜻이 비슷한 말** '이로운'과 '유익한'은 이익이 있다는 뜻이고, '불평했어'와 '투덜거렸어'는 못마땅한 생각을 말했다는 뜻이고, '놀라운'과 '굉장한'은 아주 훌륭하다는 뜻이고, '처음'과 '최초'는 맨 처음이라는 뜻입니다.
**뜻을 더하는 말** '-품'은 어떤 낱말 뒤에 붙어 '물품'의 뜻을 더하는 말입니다. 발명품, 장식품은 '-품'이 붙어 만들어진 낱말입니다.

---

## 1일 마라톤 전투  77-79쪽

### 어휘 알기
전령, 지원군, 기리다

### 독해력 기르기
**01** (1) × (2) ○ (3) ○ (4) ×
**02** ㉐ → ㉑ → ㉓
**03** ③
**04** ④
**05** ① 필리피데스 ② 아테네 ③ 마라톤

### 어휘력 더하기
**관용 표현** 땀(이 비 오듯 하다)
**어울려 쓰는 말** (1) 온다면 (2) 새라면 (3) 없다면

---

| 독해력 기르기 |

**01** 페르시아가 군사를 이끌고 아테네를 공격했습니다. 아테네는 스파르타의 지원을 받지 못했지만 페르시아군을 크게 물리쳤습니다.
**02** 필리피데스는 스파르타에 지원군을 요청하러 마라톤 평야에서 스파르타로 달려갔지만, 스파르타가 이를 거절하자 다시 마라톤 평야로 달려가 소식을 전했습니다. 이어 아테네가 페르시아를 이기자, 이 소식을 전하려 아테네로 달려갑니다.
**03** 페르시아군보다 빨리 아테네에 도착해서 승리 소식을 전해야 아테네 황제가 항복하지 않기에 필리피데스는 나라를 지켜야 한다는 생각으로 힘껏 달린 것입니다.
**04** ㉤의 앞 문장에 전투가 일어났던 지역의 이름을 따서 불렀다는 것으로 보아 ㉤에 들어갈 스포츠는 '마라톤'이라는 것을 짐작할 수 있습니다.
**05** 일이 일어난 차례에 따라 글의 내용을 요약해 봅니다.

| 어휘력 더하기 |

**관용 표현** 그림의 인물이 땀을 많이 흘리고 있으므로, 땀이 몹시 많이 흐른다는 뜻의 '땀이 비 오듯 하다'의 표현이 알맞습니다.
**어울려 쓰는 말** 문장에서 '만약'을 쓸 경우, 반드시 '-라면, -다면'과 함께 써야 합니다. 따라서 (1) 만약~온다면, (2) 만약~새라면, (3) 만약~없다면으로 써야 문장이 어색하지 않고 자연스러워집니다.

## 2일 새로운 스포츠의 탄생

**어휘 알기**

시범, 채택, 정식 종목

**독해력 기르기**

**01** ⑤
**02** (1)-(나) (2)-(가)
**03** (1) ○
**04** (1) ○
**05** ① 올림픽 ② 브레이킹 ③ 이 스포츠

**어휘력 더하기**

**합쳐진 말** (눈)꼬리, (눈)웃음
**뜻이 여러 개인 말** (1) ① (2) ② (3) ①

---

## 3일 자전거왕 엄복동

**어휘 알기**

울분, 강점기, 교활하다

**독해력 기르기**

**01** (1) ○ (2) × (3) ○
**02** (2) ○      **03** (1) ○
**04** (2) ○
**05** 시은
**06** ① 엄복동 ② 조선 ③ 희망

**어휘력 더하기**

**꾸며 주는 말** 선뜻, 마구, 가장
**올바른 발음** (1) [끌타] (2) [실코] (3) [달치] (4) [뚤타]

---

| 독해력 기르기 |

**01** 이 글은 올림픽과 아시안 게임에 정식 종목으로 채택된 브레이킹과 이 스포츠에 대해 소개하는 기사문입니다.

**02** 브레이킹은 음악에 맞춰 춤 기술로 승부를 겨루는 댄스 스포츠이고, 이 스포츠는 게임을 통해 승부를 겨루는 두뇌 스포츠입니다.

**03** 이 스포츠를 아시안 게임의 정식 종목으로 채택하는 것에 사람들이 반대한 이유를 찾는 문제입니다. 다음 문장을 살펴보면 신체 활동이 적다는 이유로 반대했다는 것을 짐작할 수 있습니다.

**04** 땅을 짚고 몸을 팽이처럼 돌리는 동작을 하고, 음악에 맞춰 선수가 여러 동작을 한다는 것으로 미루어 보아 친구들이 브레이킹에 대한 이야기를 하고 있다는 것을 짐작할 수 있습니다.

**05** 브레이킹과 이 스포츠를 중심으로 글의 내용을 요약해 봅니다.

| 어휘력 더하기 |

**합쳐진 말** '눈'과 합쳐진 낱말들을 알아봅니다. 귀 쪽으로 가늘게 좁혀진 눈의 가장자리의 뜻을 가진 낱말은 '눈꼬리'이고, 소리 없이 눈으로만 가만히 웃는 웃음의 뜻을 가진 낱말은 '눈웃음'입니다.

**뜻이 여러 개인 말** (1)과 (3)은 어렵거나 큰일을 해낸다는 의미에 적합하므로 ①의 뜻으로 쓰였고, (2)는 주어야 할 돈을 내준다는 의미에 적합하므로 ②의 뜻으로 쓰였습니다.

---

| 독해력 기르기 |

**01** 엄복동은 일제 강점기에 활동한 자전거 선수로, 이 글에서 엄복동은 자전거 경주에서 일 등을 해서 조선 사람들의 응원을 받았습니다.

**02** 일본 심판은 조선 사람인 엄복동에게 일 등을 주고 싶지 않아서 경기를 중단합니다.

**03** 억울한 일을 당해도 선뜻 나서서 항의하지 못했다는 구절과 일제 강점기였다는 시대 배경을 통해 조선 사람들의 생활을 바르게 짐작한 것은 (1)의 내용입니다.

**04** 일 등을 주지 않으려고 경기를 중단시키는 일본의 정당하지 못한 행동에 엄복동은 우승기를 꺾으며 가짜라고 말했습니다.

**05** 엄복동과 조선 사람들은 힘을 합쳐 우승을 되찾았습니다. 작은 승리였지만 조선의 자존심을 지키고, 나라를 되찾을 수 있는 희망을 갖게 된 사건이었습니다. 따라서 엄복동과 조선 사람들이 눈물을 흘린 까닭을 바르게 짐작한 친구는 시은이입니다.

**06** 일이 일어난 차례에 따라 글의 내용을 요약해 봅니다.

| 어휘력 더하기 |

**꾸며 주는 말** '선뜻, 마구, 가장' 같은 꾸며 주는 말은 문장에서 움직임이나 상태, 성질을 나타내는 말을 꾸며 그 뜻을 자세하게 해 줍니다.

**올바른 발음** 겹받침 'ㄹㅎ' 뒤에 'ㄱ', 'ㄷ', 'ㅈ'이 오면 각각 [ㅋ], [ㅌ], [ㅊ]으로 발음합니다. 따라서 '끓다'는 [끌타]로, '싫고'는 [실코]로, '닳지'는 [달치]로, '뚫다'는 [뚤타]로 발음합니다.

**104** 토픽으로 잡는 똑똑한 초등 독해

**어휘 알기**

승부, 실밥, 조절하다, 주고받다

**독해력 기르기**

**01** (1)-(나) (2)-(가)
**02** (1)○ (2)○ (3)○ (4)×
**03** (1)○
**04** 민우
**05** ① 축구공 ② 동그랗게 ③ 실밥

**어휘력 더하기**

**움직임을 나타내는 말** 던지다, 치다
**모양이 같은 말** (1)-(나) (2)-(가) (3)-(다)

**어휘 알기**

협력, 체력, 성장판

**독해력 기르기**

**01** ③      **02** (2)○
**03** 서론: 가 본론: 나, 다, 라, 마
**04** ③
**05** 가희
**06** ① 건강 ② 병 ③ 키

**어휘력 더하기**

**뜻이 비슷한 말** (1) 자라(다) (2) 따르(다) (3) 건강(하다)
**올바른 표기** (1) 를 (2) 을 (3) 를 (4) 를

---

| 독해력 기르기 |

**01** 축구공은 육각형과 오각형 모양의 조각을 이어 붙여서 최대한 동그랗게 만들고, 야구공은 겉면에 실밥이 나오게 만듭니다.

**02** 야구공의 실밥은 야구공을 던질 때 속도와 방향에 영향을 주기 때문에 (4)는 틀린 내용입니다.

**03** 축구공과 야구공의 생김새가 다른 까닭은 경기 방법과 승부를 겨루는 방식이 다르기 때문입니다.

**04** 민우는 탁구공이 매우 작고 가벼워 싼 가격에 많은 공을 만들 수 있을 거라고 했습니다. 따라서 공이 경기하기에 알맞은 생김새인지 살펴보라는 ㉠의 내용과 관계없는 말을 하는 것은 민우입니다.

**05** 글의 내용을 처음, 가운데, 끝의 세 부분으로 요약해 봅니다.

| 어휘력 더하기 |

**움직임을 나타내는 말** 각 그림의 투수와 타자가 어떤 동작을 하는지 파악하여 뜻에 알맞은 낱말을 익혀 봅니다. 투수가 공을 던지고, 타자가 야구 방망이로 공을 치고 있으므로, 각각 '던지다', '치다'가 들어가야 알맞습니다.

**모양이 같은 말** (1)의 '차다'는 발로 내어 지르거나 받아 올린다는 뜻이고, (2)의 '차다'는 몸에 닿은 물체의 온도가 낮다는 뜻이고, (3)의 '차다'는 일정한 공간에 더 들어갈 수 없이 가득하게 된다는 뜻입니다.

| 독해력 기르기 |

**01** 글쓴이는 운동을 하자는 주장을 펼치고 있으므로, 제목의 빈 곳에 들어갈 말은 '운동'입니다.

**02** 이 글은 운동의 좋은 점에 대해 알려 주면서 어린이의 건강과 성장을 위해 운동을 하자고 주장하는 글입니다.

**03** 글쓴이의 주장이 드러나는 서론 부분은 가 문단이고, 글쓴이의 주장에 대한 적절한 근거가 드러나는 본론 부분은 나, 다, 라, 마 문단입니다.

**04** 글쓴이가 운동의 좋은 점으로 친구가 많아진다는 내용은 말하지 않았습니다.

**05** 어린이는 바른 성장과 건강을 위해 공부뿐만 아니라 운동도 열심히 해야 합니다. 그래서 글쓴이는 어린이들에게 스마트폰에만 빠져 있지 말고 운동도 하자고 주장합니다. 그런데 지우는 운동을 통해 얻을 것이 많다는 이유로 무조건 운동만 할 거라는 잘못된 판단을 했습니다. 가희는 글쓴이의 주장을 바르게 받아들여 자신이 실천할 수 있는 운동 계획을 세웠습니다.

**06** 글의 내용을 서론, 본론, 결론의 세 부분으로 요약해 봅니다.

| 어휘력 더하기 |

**뜻이 비슷한 말** '크다'와 '자라다', '지키다'와 '따르다', '튼튼하다'와 '건강하다'가 서로 뜻이 비슷한 말입니다.

**올바른 표기** 앞말에 받침이 있느냐, 없느냐에 따라 조사 '을'과 '를'을 구분하여 씁니다. 받침이 있을 때는 '을', 받침이 없을 때는 '를'을 씁니다.